"Lo que el pueblo me dice . . ."

Recovering the U.S. Hispanic Literary Heritage

Board of Editorial Advisors

"Lo que el pueblo me dice . . ."

Crónicas de la colonia puertorriqueña en Nueva York

Jesús Colón

Edición e introducción por Edwin Karli Padilla Aponte

Arte Público Press
Houston, Texas

Esta edición ha sido subvencionada por la Ciudad de Houston por medio del Concejo Cultural de Arte de Houston, Harris County.

Recuperando el pasado, creando el futuro

Arte Público Press
University of Houston
Houston, Texas 77204-2174

Diseño de cubierta por Adelaida Mendoza.
Foto en la cubierta es cortesía del Centro de Estudios Puertorriqueños,
The Jesús Colón Papers.

1 2 3 4 5 6 7 8 9 0   10 9 8 7 6 5 4 3 2 1

Dedicatoria

Dedico esta publicación a mi madre Juanita; a mis hermanos Olga, Roberto, Marta y Luis, y a mi compañero inseparable José Orlando. Todos ustedes me han ofrecido un amor y un apoyo incondicional.

Índice

Pericles Espada

Jesús Colón

Vida Alegre (1931)

El curioso (1934–1935)

Segundo Período

Pueblos Hispanos (1943–1944)

Liberación (1946)

Agradecimientos

Agradezco a Nicolás Kanellos por la oportunidad y el tiempo dedicado a las correcciones de este trabajo, al igual que a los integrantes del Proyecto de Recuperación de la Herencia Hispana por todo el apoyo.

Agradezco a la compañía Conoco por su ayuda financiera en mi educación, al igual que a Molly Woods, Mike Dressman y Patricia Mosier por haberme dado la oportunidad de terminar mi educación a pesar de haber estado en delicadas condiciones de salud.

Agradezco a mis compañeras Inés Anido y Ana Semiday por las críticas y los consejos académicos.

Finalmente le agradezco a Dios el haberme dado una segunda oportunidad en la vida.

Introducción

Las crónicas de Jesús Colón en español constituyen un documento representativo de las primeras experiencias e impresiones de los grupos puertorriqueños inmigrantes establecidos en Nueva York en los años que siguieron al Acta Jones (1917). Son evidencias de las actividades comunitarias de los primeros líderes que tomaron las riendas en la dirección del grupo. Esta inmigración de puertorriqueños se dio dentro de un clima político confuso, del cual el sector laboral—el componente más numeroso—se encontraba un tanto ajeno y el periódico fue una especie de universidad proletaria donde las clases trabajadoras podían orientarse social y políticamente en la urbe neoyorquina. Estos periódicos de inmigrantes eran instrumentos activos para la creación de una conciencia nacional que ofrecía resistencia ante la constante amenaza de asimilación a la cultura anglosajona.

Se aludirá rápidamente al trasfondo histórico de esta inmigración de la que Jesús Colón fue parte. El año de 1917 fue crucial en el desarrollo de la historia del pueblo puertorriqueño. Al firmarse el Acta Jones, mediante el cual los puertorriqueños adquirieron la ciudadanía norteamericana, se alejó para Puerto Rico la posibilidad de alcanzar su independencia. El proceso de búsqueda de una identidad nacional que caracterizó a América Latina después de alcanzar la independencia durante el siglo XIX se desarrolló en Puerto Rico en el siglo XX durante la administración militar norteamericana de la isla. Si el Acta Jones fue estrategia política para aliviar el desempleo imperante en la isla, o fue un pretexto para importar mano de obra barata o una excusa para reclutar soldados para el frente de batalla no interesa en este momento; más nos interesa cuestionar las repercusiones que tuvo esta decisión. No es posible que un decreto político pretenda asimilar cul-

xiv Jesús Colón

turalmente a los puertorriqueños dentro de la nación norteamericana cuando todavía en Puerto Rico no existía una homogeneidad cultural.[1] El cambio de una ciudadanía española a la puertorriqueña en 1898 (Ley Fóraker),[2] culminando con la ciudadanía norteamericana en el 1917 (Ley Jones) se dio exclusivamente en un plano legal político ajeno a los intereses de un campesinado que sólo estaba interesado en resolver el problema del desempleo, la vivienda, las enfermedades y el hambre.

Breve trasfondo histórico

A partir de la guerra de 1898, los Estados Unidos tomaron la isla como botín de guerra, impusieron un gobernador militar norteamericano, establecieron el inglés como la lengua de los asuntos administrativos y crearon cambios en la infraestructura económica de la isla. Medidas tales como el fomento del monocultivo azucarero a expensas del desamparo para con las industrias del café y el tabaco contribuyeron al desempleo por ser el azúcar una fuente de trabajo que ocupaba sólo una parte del año. Esta crisis económica unida a una demanda laboral en Estados Unidos como consecuencia de los estragos de la Primera Guerra Mundial fueron factores que influyeron en la aprobación del Acta Jones y la subsiguiente migración económica de puertorriqueños a Estados Unidos.[3] Si el cambio de soberanía (1898) fue un momento histórico de confusión o aturdimiento para el puertorriqueño de la isla por no haber alcanzado la independencia que casi todas las Américas poseían, el Acta Jones inició una nueva relación entre Puerto Rico y Estados Unidos que continúa vigente en la actualidad. Se inició una progresiva entrada a los Estados Unidos de estos nuevos ciudadanos americanos, y Nueva York vino a ser su destino. Los muelles de Brooklyn fueron testigos mudos del desembarco diario de cientos de inmigrantes puertorriqueños que en segunda clase, con boletos de veinte dólares y después de cinco días de viaje,[4] fueron formando comunidades en Nueva York. Pertenecientes en su mayoría al sector laboral, estos grupos iban desempeñándose en los empleos urbanos que se anunciaban en cada rincón de la ciudad, convirtiéndose sus vidas en un continuo peregrinar. El contacto con la multiplicidad étnica en los Estados Unidos abrió paso al germen de la transculturación, en pugna con la definición de una identidad nacional puertorriqueña. Es decir, mientras que en Puerto Rico los intelectuales buscaban una respuesta filosófica al qué somos,[5] en las calles de Nueva York el trabajador puertorriqueño diariamente respondía literalmente a esta pregunta.[6]

Las condiciones socio-económicas que existían en el barrio neoyorquino identificaban y unificaban al grupo como parte de una misma experiencia nacional, de donde surgieron organizaciones para su representación y defensa.[7] Éstas junto a los periódicos ofrecieron al inmigrante dirección y solidaridad dentro de la nación norteamericana. Los periódicos establecieron un diálogo con los nuevos inmigrantes, informándoles de lo que ocurría en sus tierras natales, buscando crear una opinión homogénea ante los problemas existentes, y preservando las costumbres que identificaban al inmigrante como parte de una nacionalidad.

Robert E. Park (48–49) señala que en la primera fase de los periódicos de inmigrantes en Estados Unidos se mantiene un contacto con el país natal, informando al grupo de las noticias mediante el lenguaje vernáculo. Añade Park que el contacto con la nueva cultura va incrementando en estos recién llegados un interés en los asuntos locales y ahí es precisamente donde nace la transición hacia la cultura dominate, culminando tarde o temprano con una asimilación. Este fenómeno no se ha dado con la simpleza que señala Park en los periódicos de inmigrantes que han servido a la comunidad puertorriqueña en Nueva York, debido a que la anexión a la cultura norteamericana siempre ha estado en pugna con un sentimiento de rechazo.[8] Señala Tomás Blanco (116) en referencia a la relación entre Estados Unidos y Puerto Rico:

Cuando la colonia está formada por gentes extrañas a la nación, con lengua, tradiciones y costumbres distintas; y más aún, cuando se considera al pueblo-colonial como inferior, primitivo, atrasado, inmaduro o impreparado, entonces toda esperanza de dignificación de relaciones dentro de la sujeción es tan remota e improbable que no puede pasar de ser un académico consuelo para los coloniales.

El proceso de asimilación a la cultura norteamericana tuvo que afrontar el repudio de una nación poco hospitalaria hacia los inmigrantes puertorriqueños.[9] El periódico que sirvió a esta comunidad estableció una resistencia a la agresiva anexión cultural norteamericana y mantuvo lazos de fraternidad con los grupos que continuaban llegando.

Vistazo al género de la crónica periodística

Es en estos periódicos donde aparece la crónica periodística, género híbrido entre el periodismo y la literatura que nació a principios del siglo XIX, el cual adquirió en Nueva York unas características peculiares. La crónica se caracteriza por expresar en primera persona el inmediato acontecer social. Señala Martín Vivaldi (144) que "un buen equipo de cronistas equivale en la práctica a una buena plantilla de maestros que, a diario, explican una lección de actualidad en el aula inmensa de lectores de prensa". La crónica se originó en Inglaterra e hizo su incursión en España a través de su mayor exponente Mariano José de Larra (1809–1837) el cual, a través de llamativos seudónimos como Pobrecito Hablador y Fígaro, comentaba el diario vivir de la sociedad española en momentos de problemas políticos. Larra creó en la lengua española un género propio de una época moderna caracterizada por la velocidad y el cambio, utilizando recursos de la tradición literaria como lo son el seudónimo, la epístola, los artículos de crítica teatral y literaria, el ensayo social al igual que la parodia satírica. Apunta Susan Kirpatrick (208) que sus artículos intentaban avergonzar al lector de sus hábitos a través del cuestionamiento de sus costumbres, lo cual sumerge al cronista en una búsqueda continua por nuevas formas de persuasión. El género se introdujo inmediatamente en América encaminándose principalmente al fomento del nacionalismo incipiente, una vez que se apaciguaron los movimientos revolucionarios. Entre sus mejores exponentes en América Latina durante este período de post independencia se encuentran Ricardo Palma (Perú) y Joaquín Fernández de Lizardi (México), quienes dieron paso posteriormente al período modernista en que la crónica llegó a ser herramienta propagadora de su nueva estética. Fueron los momentos en que América buscaba en el lenguaje una renovación que representara la sensibilidad del Nuevo Mundo. Señala Susana Rotker (101) que a pesar de que la crónica se daba bajo presiones editoriales y exigía grandes dosis de referencialidad, no debería excluírsele de los cánones literarios.[10] Los dos grandes exponentes de este período modernista fueron Manuel Gutiérrez Nájera y José Martí, los cuales llevaron el género a su mayor esplendor literario; sin embargo, este valor estético siempre sería complementario, ya que la crónica por necesidad tenía que estar atada a su referente, eliminando toda posibilidad de crearse un mundo propio como literatura pura. Una parte de la crónica estaba destinada a morir con su referente dentro de un espacio y un tiempo determinado; sin embargo, siempre guardaba como sus mayores atributos la frescura en que salía, un humor mordaz y un poder para cautivar o sacudir al lector. El olvido en que ha quedado el género se debe en parte al germen destructor del tiempo, que envejece la relevancia de la observación del cronista, y al proceso evolutivo por el que pasó la información periodística donde las pretensiones objetivistas del reportaje se fueron imponiendo.

En conclusión, la crónica como género periodístico nació en el siglo XIX a partir de la difusión de los periódicos y, aunque las capas inferiores de la sociedad no estaban excluidas de su temática, el mensaje se dirigía a una clase social en ascenso que comenzaba a mostrar un gusto por la lectura. El cronista desde sus comienzos fue un literato asalariado obligado a producir un producto con gran rapidez, convirtiéndose éste en una mercancía más con un precio dentro del mercado.[11] Esta condición de mercancía despojaba al género de su inocencia, exponiéndola a las presiones de la editorial y la clase hegemónica. En una Latinoamérica con gran incidencia de señores presidentes, el género siempre corría el peligro de ser un arma más de clase para mantener su dominación o para subvertir una dictadura. Sin embargo, en Nueva York el género tomó otra dirección adaptándose a una realidad completamente diferente.

La democratización de la crónica

La ciudad de Nueva York tradicionalmente había sido un refugio del sector liberal de Latinoamérica, donde líderes políticos se amparaban en búsqueda de apoyo político y económico para llevar a cabo sus respectivas luchas de independencia. Como se apuntó anteriormente, las consecuencias del Acta Jones no ocasionaron un exilio político sino económico en Puerto Rico, y muchos de los periódicos que se establecieron con estos grupos en Nueva York respondían a los intereses de estos grupos sociales. Esta situación en Nueva York produjo la democratización del género. Salió de las tradicionales plumas del escritor profesional asalariado y se puso al servicio de las clases económicamente inferiores, las cuales expresaron sus voces a través de sus representantes comunales. Nueva York les ofreció a estos líderes obreros el espacio y la libertad de expresión que se les había negado en Latinoamérica.

Al establecer éstos contactos con los nuevos movimientos sindicales operantes en la urbe neoyorquina, hicieron del género una herramienta para esparcir las ideas socialistas de moda a la vez que buscaron la organización social dentro de la gran ciudad. Las clases obreras fueron el centro de atención, no sólo como objeto del discurso sino también como difusoras del mismo. En esta crónica democrática no había espacio para una prosa modernista con juegos metafóricos e imágenes sinestésicas; ya que su fin principal era llevar un mensaje social. Esta estrecha relación entre emisor, mensaje y receptor posiblemente fue la razón más importante por la cual los hispanos en Estados Unidos leían más que en su tierra natal, como apunta Nicolás Kanellos (3), donde las clases trabajadoras habían sido el sector olvidado del discurso nacional. En Nueva York, por el contrario, el enunciador del mensaje podía venir del mismo grupo que intentaba enunciar sin que tuviera que sobrevivir necesariamente del producto de su pluma.[12] Su quehacer periodístico era tomado como un acto patriótico o deber social,[13] a tal punto que el cronista llegó a convertirse literalmente en vendedor de periódicos.[14] Esta condición de periodista a tiempo parcial que escribía en periódicos pequeños de corta duración fue la causa por la cual no existió una cuantiosa proliferación de escritos en ninguno de estos cronistas. En Nueva York el escritor dejó de pertenecer a una clase que en el pasado se caracterizaba por haber estado obligada a almorzar con la burguesía para poder mantener su posición.

La oportunidad de publicación sin marcadas censuras que ofrecía el periodismo a esta clase obrera ilustrada les brindó una libertad que no poseía ni un Martí en Cuba, ni un Nájera o Lizardi en México, ni tampoco un Larra en España. Esta libertad de prensa permitía expresar las imperfecciones de un mundo en constante amenaza de guerras mundiales y alejaba el lenguaje del pasado preciosismo modernista. La crónica en estos periódicos era para obreros, y los viejos preceptos aristotélicos de entretener y enseñar se combinaban para lograr un común objetivo; no desde la perspectiva de los grupos dominantes sino desde el punto de vista de los de abajo. Nueva York ofrecía el espacio para que lo subalterno existiera, expresando, dialogando y comunicando sus percepciones dentro del discurso periodístico de la época. En fin, la crónica escrita por y para los inmigrantes puertorriqueños o latinoamericanos de estos años que siguieron al Acta Jones reconstruyen o dan nuevamente vida a un momento histórico al que los libros de historia aluden desde una distancia ordenadora. ¿Quién mejor que un miembro del mismo grupo y a través del camaleónico género cronístico para revivir los hechos del pasado?

Jesús Colón y los tres períodos de su crónica

Jesús Colón utilizó la crónica para establecer un diálogo con sus lectores. Las condiciones en que vivían las clases inferiores en Nueva York, la lucha por la independencia en Puerto Rico, la preservación de los valores del pueblo puertorriqueño junto a la lucha de clases en un mundo en constantes cambios eran los móviles o temas que movían sus escritos. Probablemente Nueva York era el único espacio del mundo capitalista en que un negro puertorriqueño[15] sin diploma universitario podía tener la oportunidad para expresar una voz que seguramente hubiese sido ignorada de haber permanecido en la isla. La producción periodística de Jesús Colón en Nueva York se podría dividir en tres períodos, iniciándose en el periódico *Gráfico* en el 1927 y culminando en el 1971—tres años antes de su muerte—con sus aportaciones al periódico *The Daily World*. En el transcurso de estos años sus escritos oscilaron entre temas relacionados con los asuntos internos del barrio, problemas económicos, sociales y políticos que afectaban a Estados Unidos y a Puerto Rico, hasta incurrir finalmente en asuntos internacionales. Si los primeros treinta años de su producción periodística se llevaron a cabo en periódicos en español, a partir de los años cincuenta Jesús Colón incursionó por primera vez en periódicos en inglés, motivado por la necesidad de llevar a una mayor cantidad de lectores un mensaje distinto al de la prensa canónica norteamericana.

Primer período

El primer período abarca los años del 1927 al 1935 con columnas periodísticas en los periódicos *Gráfico, El curioso y Vida Alegre.* ¿Quiénes eran los lectores de estas crónicas? ¿Qué educación académica tenían? ¿Qué atractivos podían encontrar en estas columnas periodísticas? Los editoriales indican que el trabajador inmigrante de la urbe neoyorquina era el lector regular de estos periódicos, lo cual determinaba el uso de estrategias estilísticas encaminadas a un mejor acercamiento a este consumidor. La crónica en estos periódicos era un producto que debía venderse y, por tal motivo, tenía que acomodarse a las necesidades de sus compradores. El limitado espacio—un promedio de diez a doce páginas por tirada—que proveían estos periódicos exigía de un cronista hábil que con pocas palabras en este espacio reducido pudiera acaparar la atención y, al mismo tiempo, llevar un mensaje. Todo lo que el cronista manejaba en su columna tenía una finalidad, comenzando con la elección de un seudónimo. Éste debería despertar el interés del lector, cortando las distancias entre el emisor y el destinatario. La popularidad del seudónimo determinaba en cierta medida el éxito de la columna, de manera que el lector reconociera en éste un tono, una temática y un estilo familiar. A continuación se señalarán algunas estrategias de Jesús Colón para comunicarse eficazmente con los lectores.

Miquis Tiquis

La mayor producción de Jesús Colón durante el primer período apareció semanalmente firmada con el seudónimo de Miquis Tiquis. Estas crónicas se caracterizaban principalmente por un énfasis en las conductas negativas de los inmigrantes puertorriqueños e hispanos. El cronista intentaba establecer un diálogo íntimo con los lectores para desaprobar los estereotipos sociales que generaban tales conductas. Los blancos de sus ataques eran mostrados como desviaciones o distorsiones de un "nosotros"[16] que debían ser corregidas con la ayuda de un lector-cómplice. En este sentido, Miquis Tiquis sólo buscaba encarnar una voz que representara los intereses del "nosotros". La gran mayoría de estas crónicas atacaban duramente a blancos específicos dentro de la comunidad hispana en Nueva York, y esos juicios eran expresados sin que se tomaran en cuenta los factores socioeconómicos que podrían haber determinado o influenciado estas conductas. Miquis Tiquis nunca hizo referencia a los problemas sociales, económicos y políticos que existían a finales de los años veinte y durante los treinta. El contexto histórico fue marginado sin que apareciera el creciente índice de desempleo, la discriminación laboral y el alto costo de la vivienda.[17] La imagen negativa que proyectaba el hispano en Nueva York era la preocupación predominante en Jesús Colón durante este primer período, y la mayor parte de su crónica fue destinada a combatirla.

La prosa y el verso de Miquis Tiquis eran portadores de un estilo que simulaba la oralidad con abundancia de giros coloquiales, anglicismos, jibarismos o una jerga popular puertorriqueña sólo para entendidos. El cronista escribía estas columnas simulando el lenguaje coloquial (chisme de barrio) de un inmigrante puertorriqueño en las calles de Nueva York. Por ejemplo (*Gráfico,* 29 de enero de 1928):

¡Muchacho, qué buena pianola tiene la señora X! ¿Qué de danzones? ¡Imagínate, todos los de Rafael y muchos más! Y la Victrola, (qué trozo de ortofónica! "¡Heavy!" ¡Qué "bayús" se forman en casa de la señora X! ¡Oh boy, y lo más que me agrada es que ella siempre es muy espléndida con la "cañita". Yo, en verdad, como la mayoría de los que la visitan, casi no la conozco, pero . . .

Hay en sus columnas abundancia de signos de puntuación (exclamaciones, signos de preguntas, comillas y puntos suspensivos) los cuales intentaban aprisionar en la letra escrita lo que solamente podía

existir en la oralidad. Las raíces de este estilo se encontraban en el
pueblo, dentro de la familiaridad de un relato de barbería. Buscaba la
atención del lector apelando al humor por medio del sentido auditivo.
Por ejemplo (*Gráfico,* 25 de septiembre de 1927):

> A la bullalanga latina le gusta el brillo. El brillo chillón y bu-
> llanguero de los nombres sonoros, los títulos rimbombantes y
> las modas exageradas. A las hijitas horriblemente feas, nos
> gusta llamarlas Rosas Aureas, Luz Marías, en vez de, en
> honor a estas monstruosidades de la naturaleza, llamarlas Sin-
> forosas o Anacletas.

El énfasis en nombres sonoros con repetición de vocales fuertes y
jitanjáforas creaban cierta musicalidad en la prosa. Estas oraciones iniciales no tenían ninguna relación con la temática de la columna, y sólo
buscaban atrapar la atención del lector y suavizar el tono insultante de
los párrafos posteriores. Las siguientes líneas (*Gráfico,* 25 de septiembre de 1927) apelan al sentido visual y pretendían que los lectores
percibieran un fenómeno de transculturación que se estaba dando en el
barrio: "La would be flapper latina le gusta que la miren y para conseguirlo se pinta como una mascarita. Dos chapotas mal puestas en cada
buche y cuatro bien pronunciadas montañas de rouge en los labios".
Miquis Tiquis buscaba lograr una complicidad con el lector a
través de la segunda persona singular de manera que se acortaran las
distancias entre uno y otro. En "Nuestras señoritas latinas" (*Gráfico,*
6 de noviembre de 1927), después de establecer a través de toda la
columna lo superficial de estas jóvenes, interrumpe su argumentación
y señala, "Imagínate tú, lector"; y continúa el fluir de su prosa:
"¡como si con charleston, trajes y belleza se pudieran traer los frijoles
a la casa! Esas niñitas casi sin haber salido aún del cascarón". Estas
referencias directas en segunda persona al lector funcionaban como
pausas o muletillas de la expresión oral, las cuales estaban esparcidas
por todas sus crónicas: "Tú me entiendes lector", "El día que quieras
ver, lector", etc.
Miquis Tiquis deseaba desesperadamente acabar con las conductas viciosas que mostraban unos grupos de inmigrantes, los cuales
fomentaban las concepciones racistas dentro del mundo anglosajón.

La burla fue su manera de combatir estas conductas viciosas que dañaban la reputación del "nosotros"; sin embargo, el humor sólo aparentemente fue incapaz de lograr su objetivo. Fueron los momentos en que el tempo de esta prosa se tornaba agresivo mediante el vocabulario y la sintaxis. Señala en "La brosa portorriqueña" (*Gráfico*, 9 de octubre de 1927):

> Por el momento, el que escribe sugiere dar toda la publicidad posible a estas excrecencias sociales, citándolas por sus nombres si es necesario, y así conocidos por todos, aislarlos o acabarlos de matar socialmente, como la claridad mata al microbio de las enfermedades contagiosas. Sugiere también, que muchos de aquéllos que, quizás inocentemente se ocupan de "reírle las gracias"—si pueden llamarse gracias a tales insultos—se abstengan de ello, quitándole así fuerza a las payasadas de estas asquerosas alimañas.

Al señalar "el que escribe sugiere", Jesús Colón le arrebata momentáneamente la pluma a Miquis Tiquis, para tomar la palabra y expresar una enérgica desaprobación. Las palabras que siguen indican el grado de frustración por el que pasaba Jesús Colón. Los verbos en el modo imperativo unidos al lenguaje desaprobador del cronista intentaban provocar el desprecio del lector hacia esos grupos.

Este estilo coloquial y satírico de la prosa de Miquis Tiquis nunca se apartó de la actitud didáctica. La atención que el cronista prestaba a estos indeseables que dañaban la reputación del "nosotros" indicaba que aún existía esperanzas de reforma. Por el contrario, cuando Miquis Tiquis escribía en verso su paciencia había llegado a un límite, y el lector, más que destinatario, pasó a ser tercera persona o el causante indirecto de la ira que expresaba el cronista. En "Nuestra gente" (*Gráfico*, 22 de julio de 1928) se queja el cronista:

> Señor Director:
> Dispense otra vez,
> que moleste yo
> Escribiendo a Ud.
> Mas si yo no escribiera,

Así entre ratitos,
Explotaría viendo
las cosas que tienen
nuestros "hermanitos"

Miquis Tiquis necesitaba desahogarse con un destinatario que pudiera entender la frustración de vivir en las condiciones que se encontraba el barrio latino. Si la prosa humorística dirigida a crear una complicidad con sus lectores fue incapaz de brindar los cambios deseados, Miquis Tiquis tuvo la necesidad de encontrar un cómplice o destinatario que compartiera su punto de vista. El director del periódico *Gráfico*[18] fue este necesitado confidente, quedando el lector excluido. El diminutivo fue uno de los recursos predilectos del cronista para expresar ironía, la cual era percibida mejor mediante la entonación oral. Hay que insistir nuevamente en la depresión económica del 1929 como el fondo de este primer período en que escribía Jesús Colón, la cual afectó grandemente a los inmigrantes latinos residentes en Estados Unidos. Esta crisis se intensificó aún más en el barrio latino con la llegada continua de puertorriqueños que buscaban respuestas a la agravante situación económica por la que pasaba la isla: caída de los precios del azúcar, bancarrota de la industria del café y del tabaco, al igual que los estragos dejados por los huracanes San Felipe (1928)[19] y San Ciprián (1932).

La tendencia a gritar sus frustraciones en versos ante el fracaso de razonarlas en prosa se mantuvo durante los subsiguientes años en los periódicos *Vida Alegre* (1931) y *El curioso* (1935). El verso—a diferencia de la prosa—tiene la posibilidad de insultar sin que lo parezca, ya que la gracia de la rima contrarresta la crudeza de la ofensa. En estos periódicos no se encontraba el director de *Gráfico* para escuchar las quejas del cronista, y el título de la columna "Palabras al viento" sugería la ineficacia del lenguaje para propiciar los cambios deseados: "¡Pobres éstas mis palabras que serán sólo oídas por los ecos de los vientos!". Por tal razón, el cronista incrementó el sarcasmo e incursionó en temas controversiales. Por ejemplo, en "Invitación" (*El curioso,* 9 de febrero de 1935) atacó el prejuicio racial existente dentro de los grupos cívicos, cuando años más tarde[20] negó la existencia de tales prejuicios entre los puertorriqueños. Alude, en esta columna, a un baile de blancos donde "la alcurnia", "la escuela" y "el hablar" eran las distinciones para poder asistir. Una vez que presenta en la primera parte de la columna el objeto de su burla, cambia el tono señalando, "mi sorpresa", y sus versos atacan la supuesta clase social a la que estos individuos pretenden pertenecer:

> Ralea aceitunada,
> color desigual
> gente ajibarada
> que al querer andar
> andan de brinquito
> y creen caminar
> en la antigua "jalda"
> del barrio rural . . .
> Ñames con corbata
> vestidos igual
> que mona vestida
> con traje y con chal.

En fin, el Miquis Tiquis en verso ha renunciado a su antiguo proyecto didáctico. Ya nadie se salva de sus palabras, y sus versos se desarrollan en una fría tercera persona indiferente a un lector-referente.

Pericles Espada

Saltan a la vista las limitaciones del seudónimo Miquis Tiquis, el cual no daba lugar a un análisis serio y profundo de los problemas sociales por los que pasaba el inmigrante, ya que estaba condenado a entretener a un lector habituado a un estilo particular. Jesús Colón necesitaba una prosa seria capaz de abordar temas trascendentales. De esa necesidad nació el seudónimo de Pericles Espada. Si Miquis Tiquis expresaba sus ideas simulando el habla popular de la calle, el seudónimo de Pericles Espada fue portador de meditaciones más profundas. Brindaba un espacio para filosofar sobre religión, política, ciencia, mitos culturales, moral, y pudo presentar sus percepciones de los efectos causados por el choque cultural del puertorriqueño en Nueva York. Estos trabajos periodísticos se titularon "Cartas inmorales a mi novia", siendo la novia una alegoría de la patria, y aparecieron en el periódico *Gráfico* como cartas. El género epistolar le permitía al cronista tratar una diversidad de temas sin la necesidad de elaborar una larga introducción. El pretexto de responder a supuestas dudas, preguntas o comentarios de la novia en una carta anterior daba motivo para la inserción del tema deseado. Por ejemplo, en la carta número dos (*Gráfico,* 19 de agosto de 1928) inicia: "La serie de preguntas que me has hecho en tu carta, me obligan a escribirte ésta que será la continuación de la anterior". El cronista no es fidedigno al presentar en la columna sólo sus respuestas, siendo esas contestaciones, una excusa o un recurso para abordar temas nuevos. La supuesta resistencia que oponía la novia o el referente ficticio a las ideas de Pericles Espada funcionaban como nuevos motivos para ahondar en más explicaciones. Era imperativo un referente activo (la novia, destinatario ficticio) e insatisfecho que representara las inquietudes de los verdaderos destinatarios de sus cartas (los puertorriqueños lectores). Una novia pasiva o convencida despojaría las cartas de la interacción o el diálogo, quedando reducidas a un inefectivo monólogo.

En esta carta número dos expone rápidamente sus ideas sociopolíticas, anticipando así su producción en décadas posteriores. En esta carta se presenta ante su novia como un miembro de una minoría descontenta con las costumbres y la justicia de la presente época donde los menos poseen "hasta la saciedad mientras que los más viven en la pobreza". Luego añade:

Pertenezco a esa minoría que no cree necesaria la guerra, porque sabe que los vocablos "patria" y "honor", tan diestramente usados por los dueños del mundo, son pura palabrería que sólo sirve para llevar a efecto los más violentos crímenes. Yo no creo en el lujo ni en el orgullo, ni en la aristocracia de la sangre; ni menos en la nueva aristocracia del dinero. El concepto aristocracia y el concepto decadencia son sinónimos.

Este fragmento es representativo del internacionalismo[21] que comenzaba a permearse en Pericles Espada. La novia como alegoría, la ficción de la epístola y el cuidado en el manejo de terminología política—utiliza expresiones como "dueños del mundo" evadiendo el uso de "capitalistas"—intentaba evitar que la columna se tachara de antemano como pasquín político. Una identificación abierta con un partido de la izquierda corría el peligro de marginar a muchos lectores de su columna y del periódico. Sin embargo, el compromiso sociopolítico del cronista lo obligaba a entrar en terreno peligroso y las crónicas de Pericles Espada fueron el medio para impartir la enseñanza. Escudado detrás de las creencias de "mi clase" (sin identificar cuál era) denunciaba las instituciones sociales—la religión, el sistema educativo, el sistema judicial, etc.—como cómplices que sostenían y prolongaban una sociedad de clases: "Han llegado nuestros explotadores hasta influir para que nuestros cursos educativos sean cargados de materias inútiles, llenos de prejuicios históricos, económicos y raciales que retrasan enormemente el desarrollo intelectual de la humanidad".

En la carta número tres (*Gráfico,* 9 de septiembre de 1928) intentó deconstruir el concepto de dios y de religión siguiendo el método materialista dialéctico.[22] Alude rápidamente a la escala evolutiva de la humanidad donde dios se ha ido haciendo más innecesario a medida que el hombre explica lo sobrenatural. Señala que "Dios creció en nuestro cerebro en proporción directa a nuestra falta de conocimiento, y desaparecerá completamente a medida que nos adelantemos por el camino del estudio". Esta incursión al tema religioso por Pericles Espada pudo haber ofendido a gran parte de sus lectores quienes eran católicos, y probablemente haya sido ésta la razón por la cual este tema desapareció en sus crónicas posteriores.

Las "Cartas inmorales a mi novia" de Pericles Espada terminaron repentinamente después de la quinta carta y de igual manera finalizó la intervención de Jesús Colón en *Gráfico* en 1928. Es curioso que en la primera carta Pericles expresó su intención de escribir "una docena" y tratar variedad de temas; sin embargo, sus cartas desaparecieron inexplicablemente después de la quinta. Probablemente la seriedad de la columna, unida a la transparencia ideológica que se entreveía en las palabras de Pericles Espada ocasionaron el distanciamiento de lectores. En fin, Pericles Espada no tuvo la magia de Miquis Tiquis para atrapar el interés del lector popular.

Jesús Colón

Finalmente se desea aludir a varias columnas y poemas que Jesús Colón publicó en el periódico *Gráfico* sin el uso del seudónimo. Su firma buscaba garantizar una seriedad en la columna, producto de sus meditaciones y sus conocimientos. Su nombre en la columna brindó un nuevo espacio para abordar mayor diversidad temática, anticipando así el advenimiento del segundo período en donde el seudónimo desapareció. En el "Cuento para niños de uno a ochenta años" (*Gráfico,* 4 de diciembre de 1927), Jesús Colón utilizó una fábula para aludir a la falta de unidad en las organizaciones en Nueva York, donde las cucarachas—insectos más despreciados del mundo occidental— eran las integrantes de una sociedad de clases. El propio narrador participa en la ficción señalando: "Me enteré de todas las instituciones y de todos los vicios sociales. De lo pobre de su sistema y maneras organizativas; de sus divisiones, partidos y castas". Toma un rol protagonista al establecer contacto con uno de los insectos: "Me le presenté como un sabio. Le hablé doctoralmente de las grandes cualidades de la raza humana y en particular de la latina. Le hablé diplomáticamente sobre la inferioridad del alma de la cucaracha". Una vez el cronista-personaje asesora al insecto de como lograr la unidad entre las cucarachas del chinero, con las de la lata, el pan, la estufa y el basurero, formando así una "Confraternidad de todas las cucarachas de América", expresa su pesimismo conjeturando: "Sabía que esta idea no iba a ser puesta al pie de la letra e iba a pasar entre las cucarachas lo que pasa entre los hombres, es decir, que hacemos de las ideas caricaturas y mitos". La alegoría finaliza con una autodestrucción de todas las organizaciones a consecuencia de la política, el orgullo, la envidia y la hipocresía, lo cual muestra un pesimismo en el cronista. Esta preocupación por organizar a la comunidad puertorriqueña, latinoamericana y las minorías sojuzgadas fue a partir de este cuento un tema constante en sus columnas, y va a caracterizar las crónicas de los subsiguientes años en la ciudad de Nueva York.

En este primer período apareció brevemente una producción poética, la cual desapareció prácticamente en los siguientes dos períodos. No significa que Jesús Colón haya dejado de escribir poesías, sino que dejó de publicarlas. La poesía no era el género más efectivo para comunicar el mensaje social al cual Jesús Colón se había comprometido y se destinaron a la declamación durante actividades sociales y culturales como el Día de Reyes, el Día de las Madres u homenajes a personajes distinguidos.

Segundo período (1943–1946)

Este segundo período comenzó aproximadamente ocho años más tarde en los periódicos *Pueblos Hispanos y Liberación,* donde el contexto en que se produce su crónica ocupa una posición central. Los efectos de la Segunda Guerra Mundial ofrecieron una diversidad temática amplia, dando a su columna una dimensión internacional. Fueron momentos de escasez en los productos alimenticios, disputas internas dentro de las organizaciones políticas y sociales puertorriqueñas e incertidumbre ante el futuro de Puerto Rico y la humanidad. Los vicios del barrio, exaltados en el primer período por Miquis Tiquis, desaparecieron de sus columnas y el cronista se concentró en los asuntos domésticos e internacionales que afectaban a los puertorriqueños como parte integrante de los Estados Unidos.

La prosa se orienta más a la política con un lenguaje directo y se deshace del humor que la caracterizaba anteriormente. No hay anglicismos, disminuyen los jibarismos y se aleja del coloquialismo. Los seudónimos desaparecen. ¿Cómo pregonar la verdad a través de máscaras? Los seudónimos eran en este segundo período estorbos o armas innecesarias para la lucha. El Jesús Colón activista había venido ganando a partir de los años treinta una reputación dentro de la comunidad que respaldaba sus columnas.

La persuasión ideológica comenzó a tomar mayor participación en su prosa y de ahí fue que surgió el siguiente dilema. Si por un lado sentía la misión de comunicar un mensaje socio-político, por el otro, peligraba de caer en el pasquín y perder lectores. El cronista siempre cuidaba que sus enunciados no fueran rechazados por un lector saturado de una política partidista reinante durante la época. Esta cautela fue probablemente una de las razones por las cuales eliminó de su temática la religión, cuya errónea incursión por el agnóstico Pericles

Espada le había servido ya de experiencia. En este segundo período escogía cuidadosamente los momentos para desviarse de la temática de su columna e infiltrar sus ideas sociopolíticas. Estas incursiones en la ideología marxista lo llevaban a anticipar de ante mano reacciones desfavorables. Señala en "El argumento más pobre", (*Pueblos Hispanos,* 8 de mayo de 1943):

> Y estos párrafos que preceden, que serán tachados—lo sabemos—como vulgar propaganda izquierdista y como una digresión del tema que nos ocupa hoy por aquéllos que nunca tildan de propaganda el veneno fascista de la Falange y su Concejo de Hispanidad con su alta sede en Berlín.

Jesús Colón se justificaba ante la inevitable postura de puntos de vista políticos que daban motivo a críticas partidistas. Esta tensión, entre el llevar un mensaje sociopolítico y el evitar ser rechazado por el lector lo obligaba, en varias ocasiones, a defender su postura. En "Ya tenemos un coro de voces puertorriqueñas" (*Pueblos Hispanos,* 22 de mayo de 1943) señala:

> Aquéllos que, escondidos tras la carcomida frase del "arte por el arte", se oponen a que el arte se utilice en su máximum para ganar los derechos de los pueblos oprimidos y la lucha contra el fascismo porque son (aunque a veces ellos mismos no lo admitan), básicamente fascistas, gritarán que estamos usando el coro para propaganda. Contémosles a esos adoradores de la hueca palabrería que en toda la historia del arte y de la literatura no se ha producido ni una obra ni un libro que valga la pena que no haya sido propaganda en pro o en contra de algo.

No se podría estudiar este segundo período sin mencionar con más detenimiento la posición política de Jesús Colón. Ya Pericles Espada había anunciado en las cartas sus ideas socialistas, y en este segundo período Jesús Colón declaró al comunismo como el sistema político, social y económico destinado a sustituir el capitalismo. Por tal razón, su labor periodística tenía entre sus propósitos preparar ideológicamente a sus lectores[23] de manera que este reemplazo del capitalismo se acelerara. Mostraba como la humanidad había ido evolucionando dialécticamente dentro de una concepción materialista de la historia y el proletariado, por primera vez, era su protagonista, siendo su misión la de sustituir el capitalismo como el último régimen de explotación. La crisis económica que generó la recesión del veintinueve y la Segunda Guerra Mundial anunciaban la decadencia del imperialismo, y la siguiente fase socialista. Esta afiliación de Jesús Colón a un materialismo histórico, donde las masas eran las protagonistas de su propia historia, exigía una activa participación de sus líderes para el cambio de la sociedad. El deber del grupo dirigente al que Jesús Colón pertenecía era el de concientizar y preparar estas clases excluidas de la historia (el proletariado) para poder enfrentar las labores que se avecinaran una vez llegara esta nueva sociedad. Señala en "Mientras haya excusas todo está arreglado" (*Pueblos Hispanos,* 2 de octubre de 1943): "tenemos que luchar por ganarnos a nosotros mismos para estar a la altura de las tareas que se nos han de dar para ganar la paz y construir un mundo mejor".

Es por esto que la Segunda Guerra Mundial cobraba gran magnitud debido a que un triunfo de la Alemania fascista desestabilizaría este proceso evolutivo dialéctico de la historia que marchaba hacia el socialismo. El nazifascismo representaba una amenaza de la extrema derecha por dar marcha atrás a esta evolución progresiva de la historia y, por lo tanto, Jesús Colón estuvo prácticamente obligado a pactar con la derecha del bloque aliado y así eliminar esta amenaza. Escribe en "Rosevelt I" (*Pueblos Hispanos,* 16 de octubre de 1943):

Para terminar con el Hitlerismo, se necesita la Unidad Nacional de Estados Unidos y todos sus grupos nacionales . . . ¿Se podría conseguir esta unidad abogando por la revolución social y el socialismo ahora? No. Estados Unidos y sus grupos dominantes no lo verían de esa manera.

Jesús Colón abogaba por la unidad nacional norteamericana— huyendo de la anarquía y la política de no envolvimiento que predicaba el Partido Nacionalista Puertorriqueño—para así eliminar la amenaza fascista y continuar el camino evolutivo de la humanidad. Una vez desapareció el peligro fascista al final de la Segunda Guerra Mundial, reapareció el viejo enemigo imperialista. Escribe en "¿Cuál debe ser nuestra posición ante el problema de Puerto Rico" (*Liberación*, 24 de mayo de 1946):

> Al terminarse la guerra mundial, los países imperialistas, especialmente Gran Bretaña y Estados Unidos, asustados por la libertad y la democracia implícitas en las promesas demagógicas hechas por sus representantes durante el curso de la Segunda Guerra Mundial, comenzaron a salvar lo que podían del aparato nazifascista que ellos decían haber jurado destruir por completo. Así comenzó pues la reorganización de muchas divisiones de soldados alemanes

La esperanza de un cambio político para Puerto Rico estaba sobre la mesa[24], y sus trabajos en *Liberación* fueron dedicados a unir la opinión pública puertorriqueña ante este momento histórico. Fueron ensayos o discursos de tarima caracterizados por la seriedad de un analista político u orador público que abogaba por la independencia de Puerto Rico. Señala en "La orientación del problema de Puerto Rico" (*Liberación*, 5 de junio de 1946):

> No debemos de pasar adelante sin apuntar francamente, para que todos sepan en dónde estamos parados, que hemos de hacer el análisis de este problema, usando lo poco que sabemos de la ciencia marxista-leninista que, a nuestra manera de ver, es la única entre todas las escuelas de ciencia política que está resolviendo los problemas del mundo de hoy.

Nótese la primera persona plural para referirse a la ideología política marxista, lo cual otorga a sus enunciados una autoridad proveniente de un convenio mayoritario. Éste es un Jesús Colón que defiende abiertamente su ideología política como la solución a los problemas de la humanidad. Continúa denunciando las condiciones coloniales de la isla señalando que "La economía puertorriqueña está basada en las necesidades de Estados Unidos . . . y el comercio exterior puertorriqueño está siendo estrangulado por las leyes de cabotaje impuestas a Puerto Rico". En la misma columna expresa su temor a la anexión cultural:

> Nuestra cultura, nuestras costumbres y nuestra lengua, están amenazadas de muerte por la "cultura" importada de Hollywood y por los gobernadores norteamericanos, respaldados por los presidentes de esta nación durante los últimos cuarenta y ocho años, en sus atentados inútiles por hacer de los boricuas ciudadanos 200% norteamericanos.

A través de un silogismo ponía en evidencia el fracaso del sistema económico norteamericano implantado en Puerto Rico, señalando que "a pesar de cuarenta y ocho años de progreso, sanidad y civilización yanqui todavía tenemos los Fanguitos, el desempleo y la misera".

Con clara visión de su misión concientizadora de las masas, refutaba concepciones existentes dentro de la comunidad puertorriqueña en Nueva York que dividían las opiniones en favor o en contra de la independencia de Puerto Rico, tales como: "nos comeremos unos a los otros"; "habrá una revolución todos los días"; "todos los puertorriqueños que viven en Estados Unidos serán enviados a Puerto Rico y los veteranos perderán sus pensiones"; o que "Puerto Rico era demasiado pequeño para ser independiente". Ante el primer enunciado en "Objeciones a la independencia" (*Liberación,* 31 de julio de 1946) el cronista le presentaba al lector argumentos que venían de su experiencia inmediata, simplificando así el silogismo: "¿De qué se está muriendo Puerto Rico ahora mismo? ¿Por qué están llegando los puertorriqueños a Nueva York, a razón de 250 puertorriqueños diarios?"

Este segundo período de sus crónicas fue constestatario a la prensa canónica de la derecha norteamericana, y las columnas tomaban la posición de las minorías en los Estados Unidos. En "Unas palabras a los que están bien" (*Pueblos Hispanos,* 12 de junio de 1943) aprovechó una pequeña digresión al tema de la columna para acometer contra el *Daily News* de Nueva York señalando: "te pones a leer los "funnies" del "Daily News", el periódico que, dicho sea de paso, es uno de los diarios en contra de la política de Roosevelt, de los pueblos, las razas oprimidas y de los obreros en general". De igual manera en "El mundo avanza" (*Pueblos Hispanos,* 31 de julio de 1943) señala:

Sólo te aconsejo una cosa lector: que recuerdes quienes fueron los que te mintieron en cuanto a la pobre y pequeña Finlandia. Recuerda los periódicos que te predicaban estos errores en sus columnas. Ésos serán los mismos periódicos, con sus mismos escritores que usará la reacción para volver a engañarte.

Es cierto que muchas de estas columnas estaban destinadas a comunicar un mensaje socio-político que se ha perdido en el tiempo; sin embargo, la mayoría de éstas se dieron dentro de un marco literario. Por ejemplo, la columna titulada "Los revendones de aquí y los de mi islita" (*Pueblos Hispanos,* 1 de enero de 1944) surgió durante una estadía en cama de Colón por motivos de un decaimiento físico.[25] Mientras guardaba reposo, dice el cronista, se dio cuenta de cosas "que nunca había observado anteriormente":

Nunca, por ejemplo, me había puesto a notar los gritos de los revendones en las calles de Nueva York. Ni me había puesto a hacer comparaciones con los pregoneros, quincalleros, dulceros, verduleros y maniceros que venden sus artículos en las ciudades de mi Puerto Rico.

Una vez exalta esta sencilla actividad oral como un arte proveniente "de lo más profundo del alma de la masa" lo contrasta con el sentido utilitario que se le otorga en las calles de Nueva York:

Aquí en Nueva York, parece que lo que interesa a los revendones es la venta misma; el deshacerse de la mercancía lo más ligero posible e irse tranquilamente para su casa como cualquiera otro individuo. Parece que el pregonero aquí no siente la tremenda responsabilidad de su arte. Aullando a rompe y raja sus artículos, carece hasta de la necesaria imaginación para visionar que detrás de esas ventanas, puede que haya enfermos con diabólicos dolores de cabeza y un explosivo grito salvaje y selvático para anunciar la existencia de un tomate en una carreta, no es el mejor de los medios para convencer a un futuro comprador.

Finaliza la columna magistralmente con las siguientes líneas:

Si algún día tuviese yo que asistir a una de esas audiencias públicas en las que unos senadores se agrupan a bostezar y hacer preguntas, y si se me preguntase por qué quiero yo la independencia de Puerto Rico, yo contestaría simplemente: Porque nuestros revendones saben cantar sus mercancías callejeras mejor que los revendones en Estados Unidos.

Esta ingenua respuesta demuestra la poca fe que el cronista tenía en que Puerto Rico consiguiera la independencia de los Estados Unidos. Todas las respuestas al por qué se deseaba la independencia habían sido dadas ya por los sectores pro-independencia desde el 1898; por lo tanto, ante la pregunta hipotética de estos burócratas con bostezos sería redundante una respuesta seria, y el cronista prefirió responder trivialmente. En fin, lo literario en las crónicas periodísticas de Jesús Colón se encuentra precisamente en el balance que establece el cronista entre el mensaje social y la simpleza con que se narran los detalles menudos de la vida.

Tercer período (1955–1971)

Este tercer período está caracterizado por la incursión de Jesús Colón en periódicos en inglés, al igual que sus dos publicaciones. A finales del segundo período se encontraban señales ya de su insatisfacción con una prensa al servicio del Establishment que ofrecía una versión tergiversada de los puertorriqueños, de todas las minorías en los Estados Unidos y de todos los movimientos izquierdistas que ofrecían una amenaza. Si Jesús Colón defendía el marxismo como la única ideología capaz de brindar justicia a los explotados de la tierra, era imprescindible que traspasara las fronteras monolingües. Sus columnas aparecieron en *The Daiy Worker*—que más tarde cambió su nombre a

The Worker y, posteriormente a *The Daily World*—, periódico de ideología comunista. La independencia de Puerto Rico no fue el único centro de la temática de Colón, sino que se sumó a los problemas políticos, sociales y económicos que afectaban a Hispanoamérica, a la lucha por los derechos civiles en los Estados Unidos y, además, ofreció una fuente disidente al Establishment que ejercía un control de la opinión pública durante la Guerra Fría. Pensaba que los males que afectaban al mundo occidental tenían su origen en un Imperialismo que después de la Segunda Guerra Mundial recuperaba sus fuerzas. Esta incursión en periódicos en inglés le permitió un espacio para establecer contactos fraternales con otras minorías tanto dentro como fuera de los Estados Unidos. Jesús Colón sabía que no podía darse la independencia de Puerto Rico sin que ocurriera un desmantelamiento del aparato imperialista con sede en Estados Unidos e Inglaterra.

En su columna "As I See It from Here", el lector podía enterarse de información marginada o tergiversada por la prensa canónica norteamericana sobre los últimos acontecimientos en la lucha de clases en Venezuela, Perú, Guatemala, Chile, España, Argentina, Cuba y Puerto Rico.[26] Discretamente alentaba la lucha armada en Venezuela y en España[27] como la única manera de alcanzar el esperado cambio social. El rumbo de la historia después de la Segunda Guerra Mundial no había sido el esperado por el cronista y, ante las estrategias de las naciones imperialistas para mantener su hegemonía, Jesús Colón contemplaba nuevos caminos de lucha. Veía en el internacionalismo la única alternativa que podía ofrecer oposición al imperialismo, y el triunfo de la revolución cubana (1959) incrementó esa esperanza.[28] No existía para Jesús Colón diferencia entre el estado colonial de Puerto Rico y la condición neocolonial en que se encontraban las repúblicas latinoamericanas frente a la política económica de Estados Unidos.

En el año 1961 Jesús Colón publicó la primera edición de su libro *A Puerto Rican in New York and Other Sketches* y en el 1993 apareció un segundo libro recopilado por Edna Acosta-Belén y Virgina Sánchez Korrol titulado *The Ways It Was and Other Writing,* basado en trabajos periodísticos y manuscritos inéditos sacados de sus archivos. La diferencia principal que separan estas publicaciones en inglés de las crónicas periodísticas en español se encuentra en la dis-

tancia o posición del cronista ante los hechos narrados. En los dos
primeros períodos el cronista estuvo sumergido junto a su crónica en
un mismo plano temporal, sin que existiera una distancia que proveye-
ra a los acontecimientos de lo que llama Hayden White (21) el cierre
narrativo, característico de la narrativa histórica, y los acontecimientos quedaban sin resolver o *in medias res.* Por el contrario, en las publicaciones en inglés no se evoca el material cronicable dentro del
marco temporal en que éstos tuvieron vigencia, sino que se invocan
vía la retrospección. La aprehensión de los sucesos del pasado
atraviesa un filtro temporal que selecciona, analiza y jerarquiza estos
acontecimientos brindándoles un cierre narrativo y una moraleja.
Hayden White (61) explica el proceso como sigue:

> En el discurso histórico, la narrativa sirve para transformar en
> una historia una lista de acontecimientos que de otro modo
> serían sólo una crónica. A fin de conseguir esta transforma-
> ción, los acontecimientos, agentes y acciones representados
> en la crónica deben codificarse como elementos del relato; es
> decir, debe caracterizarse como el tipo de acontecimientos,
> agentes y acciones, etcétera, que pueden aprehenderse como
> elementos de tipos específicos de relatos.

Un ejemplo ilustrativo de la diferencia entre la crónica periodística y sus dos publicaciones en inglés se encuentra en el sketch titulado "Dalmau" (40) en *The Ways It Was and Other Writing,* donde Jesús
Colón presenta uno de los personajes marginados que formó parte de
sus crónicas bajo el seudónimo de Miquis Tiquis durante el primer
período; sin embargo en este tercer período se invierten las jerar-
quías[29] y el personaje trasmuta su antigua condición peyorativa para
ser un producto de las contradicciones que generaba el capitalismo.
Dalmau era un viejo amigo de la calle que encontró en el robar una
manera cómoda de supervivencia. El cronista no trata al personaje
como el Miquis Tiquis de treinta años atrás, sino que la vida de Dalmau retoma un nuevo significado y aparece como el producto de un
sistema capitalista que no les brindaba a sus integrantes un acceso
equitativo a la educación, los empleos y la vivienda.[30] El propio Dalmau señala: "What's wrong with stealing? Everybody steals. Some

more, some less. But everybody steals. Senators steal, Congressmen steal, bankers steal, cops steal". Al final, Dalmau es presentado como un héroe trágico del bajo mundo al suicidarse por no poder ante los grandes vicios de esta sociedad: el alcohol y las drogas. La vida de uno de los tipuelos de las crónicas del barrio ha sido restrospectivamente recodificada por un Jesús Colón, adquiriendo treinta años más tarde una humanidad.[31] Dalmau pasa a ser víctima de una sociedad que, al no ofrecer igualdad de oportunidades para todos sus integrantes, es empujado al vicio. El propio Colón reconoce que pudo haber sufrido la misma suerte: "I could have been another Dalmau. The only thing that saved me was that I was lucky enough to find in time a political and philosophical ideology through which I channeled my rebellion against the establishment".

Tim Libretti (351–370) alude a una exclusión de Jesús Colón de la literatura izquierdista norteamericana y de la literatura neoyorriqueña de los años sesenta.[32] Apunta que trabajos como "Jesus Is Graduating Tonite" y "He Coudn't Guess My Name" ponen en evidencia la inexistencia de los puertorriqueños para la cultura norteamericana por la dificultad que tienen los personajes en reconocer el nombre Jesús[33] dentro de su fonética. Esta necesidad de ser reconocido dentro del continente norteamericano originó trabajos como "Wanted—A Statue" (135)[34] y "The Library Looks at the Puerto Ricans" (134).

En fin, ambos libros en inglés han dejado las huellas de las mujeres y de los hombres[35] que en Puerto Rico y Nueva York lucharon dentro de un sistema que era incapaz de otorgarles vías de acceso.

Palabras finales

Se ha pretendido en esta introducción analizar las crónicas de Jesús Colón dentro de la inmigración puertorriqueña en Nueva York. Si la institución del Lector[36] en la industria tabacalera operó como una universidad dentro del pequeño taller laboral, el periódico del inmigrante multiplicó esta función en el trabajador puertorriqueño esparcido a través de la ciudad de Nueva York. La crónica de uno de estos integrantes puertorriqueños es evidencia de que la historia de los pueblos no marcha empujada por los mitos del procerato como bien apunta Juan Ángel Silén (42); sino que detrás del panteón de hombres ilustres que ha exaltado la historia ha existido la épica de una masa anónima que aportó una vida de sacrificios. En palabras de Bernardo Vega (12), "la nuestra no fue una emigración de bestias obedientes al látigo domador sino de hombres identificados con el bienestar general". Ésta es la perspectiva que se adopta para el estudio de la crónica de Jesús Colón, y posiblemente debe ser una postura que el investigador actual debe considerar. Entre cientos de periódicos recuperados en el presente, se encuentran las voces de miles de personajes anónimos que esperan ser escuchadas. Pero, ¡cuidado! Es importante evitar la tentación de acercamientos esteticistas que no son más que sofisticados juegos con el lenguaje, divorciados de la complejidad histórica. Si la crónica popularizada por Mariano José Larra y los modernistas hispanoamericanos buscaba de alguna manera el placer estético por ser el fruto híbrido de un profesional letrado que subsistía de la venta de su producto, esta crónica obrera en cambio estaba comprometida a una causa y se ofreció como regalo al pueblo. El autodidacta Jesús Colón, en gran número de sus columnas, ha dejado claro que tenía la capacidad de escribir una prosa con gran calidad estética; sin embargo, se deshizo de esta tentación y escribió con sencillez para un pueblo que tenía que levantarse a trabajar todos los días.

Durante más de cuarenta años en Nueva York, Jesús Colón dedicó su vida a un ideal social, y el periódico le sirvió para tener acceso a éste, comenzando con la intimidad del barrio, pasando por la unidad de los hispanos en Nueva York y culminando con su integración al internacionalismo.

Edwin Karli Padilla Aponte
University of Houston

Obras Citadas

Beauchamp, José J. "La agresión cultural norteamericana en Puerto Rico". *Colonialismo, agresión y cambio cultural, perturbador en Puerto Rico.* México, 1980.

Blanco, Tomás. *Prontuario histórico.* San Juan: Instituto de Cultura Puertorriqueña, 1973.

Colón, Jesús. *A Puerto Rican in New York and Other Sketches.* New York: Mainstream Publishers, 1961.

——, *The Way It Was, and Other Writings.* Editado por Edna Acosta-Belén y Virginia Sánchez Korrol. Houston: Arte Público Press, 1993.

Colón López, Joaquín. *Pioneros puertorriqueños en Nueva York (1917–1947).* Houston: Arte Público Press, 2001.

Chomsky Noam, Edward S. Herman. *Los guardianes de la libertad.* Barcelona: Editorial Crítica,1990.

Engels, Frederick. *Ideología alemana.* México: Ediciones de Cultura Popular, 1976.

Fernández Valledor, Roberto. *Identidad nacional y sociedad en la ensayística cubana y puertorriqueña (1920–1940): Monach, Marinello, Pedreira y Blanco.* San Juan: Centro de Estudios Avanzados de Puerto Rico y el Caribe, 1993.

Flores, Juan. *Divided Borders.* Houston: Arte Público Press, 1993.

González Aníbal. *La crónica moderna hispanoamericana.* Madrid: José Porrúa Turanzas, 1983.

Gonzalez, José Luis. *El país de cuatro pisos y otros ensayos.* Río Piedras: Ediciones el Huracán, 1982.

Libretti, Tim. "Looking Backward, Looking Forward: Jesús Colón's Left Literary Legacy and the Adumbration of a Third-World Writing." *En Recovering the U.S. Hispanic Literary Heritage, Volume III.* Editada por María Herrera-Sobek y Virginia Sánchez Korrol. Houston; Arte Público Press, 2000.

Kanellos, Nicolás. "Cronistas and Satire in Early Twentieth Century Hispanic Newspaper." *Melus,* 23, I (Spring 1998): 3–25.

Kirkpatrick, Susan. *Larra: El Laberinto inextricable de un romántico liberal.* Madrid: Editorial Gredos, 1977.

Mapes, E. K. "Manuel Gutiérrez Nájera. Seudónimos y bibliografía periodística." Revista *Hispánica Moderna,* 1–4 (Diciembre-Enero 1953): 132–204.

Marx, Carlos, Frederick Engels. *Manifiesto del Partido Comunista.* Río Piedras: Universidad de Puerto Rico, 1955.

Padilla, Edwin K. "Jesús Colón: Relación entre crónica periodística, lenguaje y público." En *Recovering the U.S. Hispanic Literary Heritage, Volume III.* Editada por María Herrera-Sobek y Virginia Sánchez Korrol. Houston; Arte Público Press, 2000.

Park, Robert E. *The immigrant Press and Its Contron.* Westport, CT: Greenwood, 1970.

Rotker, Susana. *La invención de la crónica.* Argentina: Ediciones Letra Buena, 1992.

Sánchez, Korrol. *Settlement Patterns and Community Development among Puerto Ricans in New York City.* Westport, CT: Greenwood, 1983.

Silén, Juan Angel. *Apuntes para la historia del movimiento obrero puertorriqueño.* Río Piedras: Editorial Cultural, 1978.

Torres, Rafael Alonso. *Cuarenta años de lucha proletariada.* San Juan: Imprenta Baldrich, 1939.

Vega, Bernardo. *Memorias de Bernardo Vega.* Editado por César Andreu Iglesias. Río Piedras: Ediciones Huracán, 1988.

Vivaldi Gonzalo, Martín. *Géneros periodísticos.* Madrid: Paraninfo, 1973.

White, Hayden. *El contenido de la forma.* Barcelona: Ediciones Paidos, 1987.

Zenón Cruz, Isabelo. *Narciso descubre su trasero.* Humacao, Puerto Rico: Editorial Furidi, 1974.

Notas

1. José Luis González (15) sostiene la tésis marxista de una lucha de clases en Puerto Rico a finales del siglo XlX, desmintiendo las declaraciones hechas en un discurso por Pedro Albizu Campos que señala la existencia de una hermandad entre ricos y pobres durante la dominación española. Añade González que "ningún país hispanoamericano había llegado a la independencia nacional en el siglo XIX como culminación de un proceso de formación nacional, sino por la necesidad de dotarse de un instrumento político y jurídico que asegurara e impulsara el desarrollo de este proceso".

2. Rafael Alonso Torres (251–252) acude a las memorias de Santiago Iglesias para afirmar que el senador Foraker pudo haber definido el status político de Puerto Rico en el Tratado de Paris haciendo a los puertorriqueños ciudadanos norteamericanos; sin embargo al reconocerse como sólo ciudadanos de Puerto Rico, colocaron a la isla en la posición más extravagante en que pueblo alguno pudo hallarse. "El pueblo de Puerto Rico ostentó una ciudadanía que no era reconocida por ningún gobierno constitucional".

3. Virginia Sánchez Korrol (18–20) establece una relación entre el fenómeno de inmigración y la necesidad de los Estados Unidos de mano de obra, poniendo en tela de juicio otras declaraciones que culpaban la sobrepoblación de la isla como la única causa del problema migratorio.

4. Dato suministrado por el manuscrito de Joaquín Colón (40) titulado *Pioneros puertorriqueños en Nueva York*.

5. Roberto Fernández Vallledor (159–162) alude a la importancia que la crítica le ha otorgado a la encuesta de la revista *Indice* (1927) para definir lo nacional. Se lanzaron las siguientes preguntas a los lectores: "¿Cree usted que nuestra personalidad como pueblo está completamente definida?, ¿Existe una manera inconfundible de ser genuinamente puertorriqueño?, ¿Cuáles son los signos definitorios de nuestro carácter colectivo?"

6. Joaquín Colón señala (53) que ante el desconocimiento de quiénes eran los puertorriqueños: "Nos ponían toda clase de nombres como *cubans,* españoles, y más tarde *portoricans* y Specks".

7. Añade Joaquín Colón (118) que "lo que atraía a los boricuas a la unificación fue el mismo idioma, las mismas costumbres, los mismos contratiempos, el mismo dolor".

8. Se podría establecer la misma relación con la comunidad méxico-americana en el suroeste y, con la comunidad cubano-americana de Miami. La prensa representativa de estos grupos se ha concentrado en su defensa y en el mantenimiento de la cultura nacional. Estos factores unidos a la continua inmigración han contribuido a que la asimilación a la cultura norteamericana haya sido más lenta que la de otros grupos de inmigrantes en los Estados Unidos. Los puertorriqueños—al igual que los mexicoamericanos del suroeste y los cubano-americanos de Miami—han encontrado en la identidad nacional un refugio que siempre los ha diferenciado como grupo.

9. En una página editorial (*Gráfico,* 7 de agosto de 1927) señala el editor: "Son los Estados Unidos una nación joven y creemos que la obra del acrisolamiento de las razas que la integran indica claramente que sus componentes pertenecen a todas las razas y a todas las naciones. De manera que nos hacemos tontos y ridículos al querer tildar a cualquier persona que con nosotros convive de extranjero. Muchos de los individuos que tratan de atropellar a nuestros conciudadanos en esta localidad, no fueron mejores que ellos antes de aprender aquí las costumbres y maneras del país . . . Muchos de ellos están todavía a más bajo nivel que la nuestra. Tómense los records de la criminalidad y ofensas de la ley y esto indicará que tenemos razón en nuestro argumento". Joaquín Colón

(4), por su parte, comenta: "Cuando llegamos en grandes números a Nueva York, éramos mirados y tratados como nativos de una selva semi-salvaje, que arribábamos allí en busca de cultura y refinamiento".

10. Añade Susana Rotker (105) que la crónica modernista cumplía con los dos requisitos kantianos para ser considerada obra de arte: originalidad y ejemplaridad.

11. Apunta Aníbal González (221) que el acercamiento de los escritores al periodismo se dio por la necesidad de ganarse el sustento diario y el deseo de ver algo de su obra publicada. No había en América Latina la cantidad de casas editoriales que existía en Europa, ni un público que demandara este producto.

12. E. K. Mapes (132) señala que Manuel Gutiérrez Nájera vivía exclusivamente de su pluma o de lo que recibía de los periódicos donde colaboraba. En una editorial de *Gráfico* (31 de diciembre de 1927) el editor señala: "*Gráfico* es baluarte de defensa de los intereses de todos los hispanos que vivimos en la barriada de Harlem. No queremos que se nos vaya a considerar en la misma categoría en que se tienen a todos los periódicos hispanos que aquí han venido con el estribillo de defender los intereses de la colonia. Ése es el viejo cuento que no deseamos explotar. Vivimos de nuestro trabajo y no del periodismo. Nuestro ensayo periodístico es porque queremos defendernos a nuestra manera, y no confiar tal defensa a las personas que voluntariamente han salido a la palestra a encargarse de nuestra vindicación".

13. En una columna titulada "Palabras de Aliento" (*Gráfico,* 24 de julio de 1927), Jesús Colón le escribe al director de *Gráfico* señalando entre otras cosas: "Dadas las condiciones en que vive el periodismo hispano en la ciudad, sólo aquéllas publicaciones que tienen bastante metálico para abrir brecha en la propaganda, pueden conquistar puesto de primera clase en su circulación . . . Yo creo firmemente que *Gráfico* puede obtener sin necesidad de contar con mucho capital la importancia y demanda que sería lógico tuviera . . . Yo estoy dispuesto a ayudaros con mi humilde y desinteresada cooperación . . . Sabemos que *Gráfico* no pretende ser una empresa de la cual devenguen sueldos y comodidades a

aquellas personas que se encargan de editarlo y hacerlo circular, y estoy muy de acuerdo con vuestro plan de hacer que *Gráfico* circule profusamente en la barriada donde vivimos y que sea su política principal defender a nuestra Colonia. Puede Ud. señor director contar con toda mi simpatía y ayuda".

14. En artículos como "Nuestra gente" (*Gráfico,* 22 de julio de 1928), "Nuestra apatía" (*El Curioso,* 8 de septiembre de 1934), y "Este es tu periódico" (*Pueblos Hispanos,* 27 de marzo de 1943) se encuentran ejemplos de la preocupación del cronista por la promoción y venta de estos periódicos.

15. Se alude a la tesis de Izabelo Zenón (23-24) que señala la exclusión del negro de la puertorriqueñidad en la literatura mediante el uso inapropiado de "puertorriqueño" como adjetivo, y no como sustantivo (negro puertorriqueño). Es decir, el factor racial no debe tener relevancia para la distinsión de un puertorriqueño y, en todo caso, lo negro debería ser el adjetivo.

16. En mi artículo "Jesús Colón: Relación entre crónica periodística, lenguaje y público" (373) aludo al significado del seudónimo Tiquis Miquis, partiendo de la etimología latina "tibi et michi" (Tibi =a ti lector, michi = a mí, cronista), donde Colón subvierte el orden de las palabras creando una jerarquía invertida de valores, y así surge el seudónimo Miquis Tiquis. El mensaje del cronista se dirigía a sí primero (Miquis) antes de dirigirse al lector (Tiquis), y la unión entre uno y otro (cronista y lector) creaban un convenio recogido por el "nosotros". El poder del "nosotros" le permitía a Miquis Tiquis juzgar las conductas negativas en representación de una mayoría.

17. Esta visión miope de la crónica de Miquis Tiquis resalta más si se compara con las "Pegas suaves" de Alberto O'Farril (Ofa) publicadas también en *Gráfico* para los mismos años. La crónica de Ofa miraba el mundo de abajo hacia arriba, siendo su protagonista un antihéroe proveniente de la gran masa de desempleados que se movía en la ciudad buscando una manera fácil de saciar el hambre.

18. Bernardo Vega fue el director y dueño del periódico *Gráfico,* compueblano e íntimo amigo de Jesús Colón. Fundaron el Ateneo Obrero en el 1924, (*Memorias,* 166) al igual que la primera

escuela obrera de "nuestra raza en esta ciudad", la cual, en palabras de Joaquín Colón (143), "gradúa de 20 a 30 trabajadores todos los años". En estos momentos de desesperación la voz de Jesús Colón se apodera de Miquis Tiquis y la columna queda reducida a una conversación íntima con su amigo.

19. En el periódico *Gráfico* apareció una información señalando que unas 334,800 personas se encontraban sin albergue a consecuencia del Ciclón San Felipe. ("Los daños del ciclón", *Gráfico,* 6 de diciembre de 1928). Señala José J. Beauchamp (47) que en el 1930 uno de cada tres niños moría en Puerto Rico por ineficiencia alimenticia.

20. Véase "Puerto Rico es también una nación" (*Pueblos Hispanos,* 17 de julio de 1943).

21. Los principios del internacionalismo fueron formulados por primera vez en el Manifiesto del Partido Comunista de Marx y Engels (31–32) y buscaban la solidaridad de la clase obrera de todas las naciones, porque el capital era una fuerza internacional.

22. Señala Engels (37–38) que la historia muestra *como* a la par del progreso de la sociedad los conocimientos filosóficos se liberan gradualmente de las representaciones ingenuas, mitológicas, religiosas e idealistas, y adquieren cada vez más consistencia sobre la base de la comprensión científica de la concepción materialista. "Los fantasmas del cerebro humano son sublimaciones necesarias del proceso material de vida de los hombres, el cual puede ser empíricamente constatado sujeto a bases materiales. La moral, la religión, la metafísica, y todo el resto de la ideología, juntamente pierden existencia autónoma. Son los hombres los que desarrollan su producción material [siendo] la vida lo que determina la conciencia [y no] la conciencia la que determina la vida".

23. Jesús Colón era profesor en la Escuela Obrera, donde impartía un curso titulado Introducción al Marxismo. En sus archivos se encuentran preparaciones de sus clases, y mucha de esta información era incertada estratégicamente en la columna; es decir, la columna periodística le ofrecía una gigantesca aula de clases.

24. Bernardo Vega señala (265): "Con el fin de la guerra, todos los puertorriqueños, no importa el lugar del mundo donde estuvieran, pensaban que el problema de la soberanía de Puerto Rico habría de resolverse pronto. Una de las cuestiones más importantes en discusión en los foros internacionales era, precisamente, la abolición del colonialismo. ¡Quién iba a pensar que se iniciaría su desaparición rápidamente en África y demás continentes, y en la misma región del Caribe, con Jamaica, Trinidad y Barbados, sin salir Puerto Rico de su condición colonial!"

25. El 4 de diciembre de 1943 la columna de Jesús Colón no apareció en Pueblos Hispanos y salió un anuncio firmado por la International Workers Order notificando su recaída. Un mes después regresó con "Los revendones de aquí y los de mi islita", incluida en esta edición. (*Pueblos Hispanos,* 4 de diciembre de 1943).

26. Noam Chomsky y Edward S. Herman señalan (62–63) que "durante la era McCarthy, desertores y ex comunistas rivalizaban unos con otros contando cuentos sobre la inminencia de una invasión soviética y otras historias sensacionales". Añaden que "muchos anunciantes y cadenas de radio y televisión fueron eficazmente coercionados por los cazadores de rojos para que despidiesen o pusiesen en las listas negras a algunos de sus empleados, con la amenaza que de lo contrario boicotearían sus productos".

27. Véase "Background to the Strikes in Spain" (*The Worker,* 10 de junio de 1962) y "Guerrillas in Venezuela" (*The Worker,* 14 de octubre de 1962).

28. Jesús Colón mostraba en sus columnas un conocimiento sobre acontecimientos ocurridos dentro de los partidos izquierdistas de un sinnúmero de países. Mucha de la información era comprometedora, sin embargo, nunca reveló la legitimidad de sus fuentes de información. La escacez de documentación en sus archivos durante los años cincuentas puede ser indicio de la vigilancia a que estuvo sujeto.

29. Se está refiriendo aquí a la estrategia deconstruccionista que pretende invertir los polos en que se sostiene toda verdad para invalidarla o resquebrarla. La verdad no es absoluta e inmutable, sino

que depende de un lenguaje cómplice que privilegia unos valores por encima de otros. Ver Jonathan Culler (79–82). Este tercer período demuestra que la visión de la realidad que presentó Miquis Tiquis décadas anteriores era parcial o microscópica. Los tipuelos de Miquis Tiquis, que dañaban el nombre de los latinos, pasan, en este tercer período, al polo opuesto de la jerarquía y se convierten en las víctimas de un sistema de explotación.

30. El sketch "The Meaning of Algebra" (89) en *The Way It Was and Other Writings* ofrece otro magnífico ejemplo de la marginación de clases por el sistema educativo capitalista, al igual que alude a la falta de vivienda. Estas condiciones evitaban el acceso de los grupos minoritarios a las profesiones que auguraban un éxito dentro de la sociedad. Jesús Colón termina el sketch con las mismas palabras del niño puertorriqueño que deseaba ser ingeniero y se le negaba la oportunidad de tomar la clase de álgebra: "No, no Negroes eigher in the algebra class".

31. En los primeros dos períodos Jesús Colón evitaba llamar a sus protagonistas por nombres propios. Se refería a ellos como "nuestros tipitos", "la señora X", "el bolitero" o "la flapper". Treinta años más tarde—tercer período—sus personajes se humanizan adquiriendo nombres propios.

32. Juan Flores (135) alude al desconocimiento de los jóvenes artistas puertorriqueños en Nueva York de una continuidad con las tradiciones de la clase trabajadora. La nueva generación de los sesentas no estuvo al tanto de la cosmovisión de Ramón Romero Rosa, Luisa Capetillo, Eduardo Conde, o las primeras luchas en Nueva York narradas por Jesús Colón y Bernardo Vega.

33. En "Jesus is Graduating Tonite" (37), muestra la dificultad que tenía el director de la escuela Boys Club para articular fonéticamente el nombre "Jesús" en castellano, y en "He Couldn't Guess My Name" (47–48), igualmente enfatiza la inexistencia de su nombre dentro de la cultura norteamericana. El sketch trata de un supuesto adivino que acertaba los nombres de los visitantes al parque; sin embargo, después de varios intentos, desistió ante la dificultad de pronunciar el nombre "Jesús", por no pertencer éste a

los códigos lingüísticos norteamericanos: "Take the prize and get the hell out of here".

34. Publicado en español con el título "Hace falta una estatua" (*Pueblos Hispanos,* 14 de agosto de 1943) incluido en esta edición.

35. Los protagonistas de sus sketches eran identificados solamente por sus nombres sin los apellidos. Jesús Colón mostraba así que las condiciones por las que pasaban no eran casos aislados, sino que el barrio estaba repleto de otros "Dalmau", "Carmencitas", "Josés", "Marcelinos", "Sarahs," etc.

36. El Lector era un obrero ilustrado encargado de leer en los talleres donde se fabricaban los cigarros de tabaco mientras éstos llevaban a cabo su labor diaria. Señala Bernardo Vega (41) que esta institución hizo de los tabaqueros el sector más ilustrado de la clase obrera.

Primer Período

Gráfico (1927–1928)

Vida Alegre (1931)

El Curioso (1934–35)

Un jíbaro en Nueva York

Uno de los días de la pasada semana en que todavía estaba moliendo vidrio, fui a dar un *round* por la ciento diez y el parque. Tropecé con un banco que estaba a orillas del lago, y *pa* hacerle la *maldá*[1] me senté en él. A poco pasó un guajiro remando cerca de la orilla, y mientras remaba, cantaba en un idioma que parecía inglés. Alcanzó a ver un conocido por el paseo. Hizo como forma de bocina con sus manos y aplicándoselas a la boca gritó con todas sus fuerzas: "Oye, pen . . ." No terminó la palabra; pues hasta yo que estoy curado de susto desde que me salvé de morir con la última de *wood alcohol*, me asusta el pronunciarlo. Lo cierto es que un grupo de señoras "latinas" que cogían el aire también cerca de allí, tuvieron que taparse las orejas y salir *voladas*. Pues no paró ahí el hermoso vocabulario del botero. Cervantes, ese *mister* que dicen que escribió la película de Douglas Fairbanks, no creo que tenga mejor vocabulario.

Seguí *guachando*[2] mi guajiro. Se paraba a veces, metiendo los remos en el bote *pa* echarse *parriba su baloom*, y parase sus anchas manos por el peinado encrustado en varias toneladas de *Stacomb*. Aunque a simple vista hubiera parecido un *collegian*, al estudiarse detenidamente por debajo de sus ropas de *two-down-one-a week*, no era sino el común tipo fantochote y gritón de un gallinero de cine tropical.

No tardó mucho este *young man* en encontrar algo con que pasar un *good time*. Leyendo bajo un árbol cerca de allí estaba una judiíta. Aproximando su yola, el guajiro empezó a decirle: *"Hello, dearie,"* y otras fracesitas dulces en su inglés de Hoboken. Al principio la judiíta lo honró con su sonrisita, no sé si de desprecio o de cortés agradecimiento—una sonrisita indefinida como la de esa Madona que dicen que pintó Leonardo (el Leonardo que le pintó el restaurante a Pepito). Mas, ¿qué creen ustedes que creyó el guajiro? Na más que la judía había caído *reventá*[3] por él. Ancló el bote *right away* y, yéndose a sentar al lado de la hebrea, le cayó como bombero[4] en su *inglés de* caba-

---

[1]Apócope de maldad.
[2]Préstamo verbal del inglés con una adaptación morfológica al español, *to watch*.
[3]Apócope de reventada, enamorada locamente.
[4]Con precipitación.

llito. Después de decirle *fresh* en mil diferentes formas, la judía se levantó dejándole casi enterrado en la tierra con una feroz mirada.

Después de pasarle la primera impresión, volvió el guajiro a la carga, esta vez con frases soeces e insultantes. ¡Todas las palabras de la Chorrera[5] traducidas al inglés!

Pero el policía que lo estaba velando por *long time*, y sólo le estaba dando una *casnaíta*,[6] lo hizo volverse un Lindbergh,[7] volando, ya que no corría por el inmenso parque.

Y ahora pregunto yo: ¿quién tiene la culpa de muchos de los tropiezos entre guajiros y judíos?

Miquis Tiquis

---

[5]Cadena de palabras que mediante la repetición se han convertido en lugar común.

[6]Apócope de carnada, cebo de carne para pescar o cazar.

[7]Charles Lindbergh (1902–1974), primer hombre en cruzar el Océano Atlántico en avión sin parar el 21 de mayo de 1927 (tres meses antes de la publicación del artículo).

Los boliteros

Hay boliteros malos y hay boliteros buenos. Hasta en un negocio considerado fuera del la ley se puede ser persona decente.

Conozco algunos que al pegarle un premio grande se han ido por la chimenea. Otros que, si es chiquita la persona premiada, pagan en unos cuantos *pescozones*.[1] El peor de todos los casos más bajos, rastreros y sucios que he oído con relación a la bolita, es el que me contó un amigo el otro día, *naquea* a todos los demás.

Según este amigo, una señora acostumbraba jugarle a tres boliteros. Dos de ellos, como buenos colectores que eran, cuando la señora no tenía dinero a mano, muy contentos le apuntaban sus numeritos fiados. Sabían que el dinero estaba seguro, *anyhow*. Pero el tercer colector era un judío latino de esos que se desarrollan por esos mundos de Harlem. Muchas veces los otros colectores le apuntaron dinero a la buena señora sin cobrar inmediatamente, pero nunca el colector de nuestra historia se ofreció a hacer lo propio. Al contrario, se le oyó decir más de una vez que ni a su mamacita que bajara del cielo le apuntaba un número *fiao*.[2] Tiene este colectorcito su mente tan preocupada con el dinero que no para en trampa por más vil que ésta sea para poseerlo.

Un día que la señora no tenía sino un billete de veinte pesos, los dos primeros boliteros le apuntaron los números. Como nadie tenía cambio se fueron como otras veces sin el importe de los números, no sin antes repetirle a la señora que estaban siempre dispuestos a jugarle los números, aunque tuvieran que esperar por el dinero.

El judío latino, bolitero de nuestra historia, no dijo una palabra. Después de preguntar si había o no el palo[3] y el tabaco que siempre le regalaban, salió sin decir esta boca es mía. Estaba al parecer medio caliente porque veía que estaba perdiendo el marchantaje, pues mirando su avaricia, ya nadie le apuntaba en esa casa.

---

[1] Bofetadas, cachetadas.
[2] Apócope de fiado, a crédito.
[3] Trago de licor.

Al otro día se presentó en la casa: "Me debe usted ochenta y nueve centavos", dijo, dirigiéndose a la señora. Imagínese usted cuál no sería la sorpresa de la señora al oír esto de los labios del colector que había dicho más de una vez que ni a su mamacita le apuntaba *fiao*.

De más está describir la escena que siguió. El colector chiquito y bajito como un signo de interrogación, se volvió un artista de película, queriendo imitar un fogón que no sentía, porque sabía que lo que estaba reclamando era un robo, pues no había pensado ni jugar los números.

Y los allí presentes, pensando que de haberlos jugando si hubiesen salido premiados no se hubiera presentado ni en los centros espiritistas.

Y así está el juego, señores,
Con algunos colectores,
Que sin haberlo apuntado
Quieren tenerlo cobrado.

Miquis Tiquis

"Unidad, cooperación, fraternidad ..."

"Unidad, cooperación, fraternidad, ayuda mutua y protección entre diferentes elementos de la Colonia, eso es los que hace falta entre nosotros." Tal oí que decía un orador de corrillo una noche que salí por la avenida a mirar cómo estaba la cosa. Estas palabras "Unidad, cooperación, ayuda, etc.", se me quedaron revoloteando por la sesera y mi sexto sentido, el sentido para descubrir el bunk, me decía que el orador de grupito estaba *wrong*.

El tin-tin-tin oratórico y bombástico con que dichas frases fueron dichas, me dijeron enseguida que había *something empty* en esas frases. Tal parece que a fuerza de ser repetidas tantas veces en vano por las "columnas" de la colonia, han perdido todo su valor y fuerza. ¡Oh, fauces divinas de *hot air*!

Lo que pa mí creo yo que hace falta es menos cooperación, menos ayuda mutua, menos hermandad, menos patriotismo y menos todas estas palabras bonitísimas con que el "orador de corrillo" le gusta adornar sus *speeches* en las calurosas noches del *summer time*. Me explicaré un poco más, cosa que me entiendan hasta esos mismos que tanto les gusta decir esas bellas palabrerías. Lo que necesitamos en la colonia es menos habladuría sobre *unidá, fraternidá y hermandá*, y más de todas estas cosas en lo práctico. Una clarificación de lo que estas palabras quieren decir ilustrándolas con hechos, y una como limpieza general de los individuos, establecimientos y sociedades que están respaldándose tras estas palabras para vivir y figurar a costa de nosotros.

Se va uno a mudar. Al saber el vecino que va uno alquilar un mudanciero americano de competencia y experto en su negocio, enseguida pone el grito en el cielo y empieza a hablar a todo el mundo sobre nuestro poco espíritu de cooperación y ayuda para con nuestra raza. Si el que se muda es sentimental y con miedo al "que dirán", contrata la mudanza con un mudanciero "latino", el que (hay varias excepciones) le pelará todos los muebles, se quejará a cada paso de las escaleras, le beberá todo el *whisky* y le cobrará mucho más caro que el *moving van* americano.

Y así por el estilo. Me recuerdo aún cuando las bodegas latinas podían contarse con los dedos de la mano derecha. ¡Cómo abusaban entonces esos queridos hermanos de la patria y de la raza demás y demás! En aquellos tiempos, como sabían que si no compraban el plátano al peso de oro que ellos exigían, era que no iba a comer mofongo[1] ese día, se tiraban para atrás pidiendo por sus productos criollos, y podía usted darse con tres carros de subway en el pecho, si le dejaban al salir con el *nichel* para el tranvía. Hoy ya no pueden hacer eso por las muchas tiendas que hay. Lo único que pueden hacer, y lo hacen los menos escrupulosos, es cargar un par de centavos más en alguno que otro artículo a las viejecitas madres nuestras que no pudiendo entrar a una tienda de la A and P, por no saber la lengua, tienen por fuerza que ir a morir a las manos de nuestros tan buenos paisanos.

Y así en todos los demás oficios y profesiones. Hay cada uno que . . . Quiero terminar diciendo que hay muchas distinguidas excepciones. Hablamos con los paisanos que siempre están pidiendo la cooperación a nombre de la raza, etc., y nunca están dispuestos a cooperar en nada que les cueste unos cuantos centavos. En las páginas de anuncio de GRÁFICO se encuentran personas "latinas", dando servicios en todas las actividades de la vida que son dignas de toda confianza. Mas no cesamos de repetir que no debe ocupar a nadie y darle la buena plata de uno, nada más que por ser "latino". Debe de exigírsele competencia en su *business*. Así se hará un *clean up* de toda la basura que anda por ahí realenga[2] gritando "unidad, protección, patriotismo," siendo ellos los que más necesitan practicar lo que dicen.

Si seguimos esa mala idea de que porque es "latino" hay que comprarle y hay que ayudarlo, llegará el día en que presenten cualesquier cabeza de chorlito como candidato político, para barrendero o cualesquier otro puesto y casi se nos obligue a votar por él porque es "latino", aunque nos vaya a ridiculizar a todos con su inglés de caballito y su "sí" y "no" por toda oratoria parlamentaria.

Pero como dijo Sócrates, aquél gran libertador de esclavos en los tiempos de la antigua Babilonia, *You can fool some of the people some of the time but you you can not fool all of the people all of the time.*

Miquis Tiquis

---

[1]Plato típico puertorriqueño con plátano verde frito majado, ajo y cuero de cerdo molido.
[2]Dispersa, en todas partes.

¡A la bullalanga latina le gusta el brillo!

No hay que dudarlo. A la bullanga latina le gusta el brillo. El brillo chillón y bullanguero de los nombres sonoros, los títulos rimbombantes y las modas exageradas. A la hijitas horriblemente feas, nos gusta llamarlas Rosas Áureas, Luz Marías, en vez de, en honor a estas monstruosidades de la naturaleza, llamarlas Sinforosas o Anacletas.

Si quieres ver lector la caricatura de una *flapper* no tienes nada más que mirar a una latina que aspira a serlo. La *flapper yanqui* siempre busca que su conjunto de exageraciones tenga una apariencia chic, como se dice en alemán. Además poseen esa divina joya de la frialdad bien imitada. Ese arquear desdeñoso de ojos que al cruzar las piernas casi desde . . . desde . . . parecen no importarle que las miren. *Seeming frigidity, that's the phrase.* La *would be flapper* latina le gusta que la miren y para conseguirlo se pinta como una mascarita. Dos chapotas mal puestas en cada buche y cuatro bien pronunciadas montañas de rouge en los labios. Critican primero, los nuevos fads; después los adaptan, llevándolo hasta la exageración. Lorelei Lee,[1] si pudiera salirse de las páginas famosas del libro de Anita Loos, las miraría con lástima. Pero dejemos a las flappers.

Donde nuestro gusto chillón en cuanto al brillo y la ostentación se revela más a las claras, es en eso de las honorabilidades y de los títulos. ¡Oh baby! Nuestro latinismo indo-afroárabe se revela con todos los tintes salvajes e infantiles de las razas semi-literatas.

Hay ca presidente y ca vocal en nuestras sociedades que, si dejan de elegirles, aunque fuere sólo para sargento de armas, llorarían como muchachitos. *¡Why,* eso sería terrible! Su nombre su puesto, su distinción en la Colonia. Sus esperanzas. De más está hablar de las madres que se esgüesan lavando docenas de docenas allá en la islita, para que su niño esté en el Norte haciéndose de un título-cualquier título. *Don't make any difference.* La cosa es que tenga título. Y después, a leer la prensa, y a recortar. ¡Oh huesos sagrados de Clarín

---

[1]Personaje popular de la novela de Anita Loos en los años veinte titulada *Gentlemen Prefer Blondes* (1925).

y Bonafoux![2] Nuestra prensa contemporánea, bombásticamente caballerosa, se ocupará de lo demás.

"Eminente galeno" a uno que se graduó de medicina, sin práctica alguna de hospital; "notable ingeniero", a un civil que de tres puentes construidos, dos han sido desplomados como castillo de naipes por las aguas del río, "Distinguido jurisconsulto" a otro que mandó a buscar todos los catálogos de las universidades de los cuarenta y ocho estados, para ver dónde se podría colar con sus créditos deficientes. Médicos matasanos, ingenieros con saliva, abogaditos de trompito, con una mal aprendida high school. ¡Y cómo se inflan! Y cómo conversan; esto es lo mejor, su conversación. Perlas puras de la divina fabla del *Sporting Page*. Si hay alguien en el grupo que ose siquiera cambiar a un tema más al alcance de sus títulos, entonces se citan tres o cuatro autores que se conocen de oídas y, otra vez, para el "ring y la pelota". Si acaso, como "camouflauge", tienen en sus oficinas un buen número de obras carcomidas, empolvadas, nunca abiertas, y quizá que otra revista de su profesión hojeada a veces. ¡Pero estudiar en serio después de graduarse! ¡Ni a changazos! ¿Acaso ya no tienen su diploma?

Pero esta bullalanga intelectualizada tiene un gran arma: la admiración africana y fetichista de la bullalanga de abajo hacia los títulos, no importa lo que haya detrás de ellos. Usan sus papeles universitarios como de ¡Ábrete Sésame! ante la masa ignara y después de ser admitidos y estar seguros de que se sabe quiénes son, lo demás es fácil.

Son invitados a un club o asamblea cualquiera y, al entrar, son recibidos por un susurro general y sumiso de; "Ahí viene el licenciado." Incienso de esclavos . . .

La presidencia cede casi inmediatamente la palabra al distinguido jurisconsulto. El distinguido jurisconsulto, después de toser aristocráticamente mientras se pasea de aquí para allá algunos minutos, adopta una pose ya estudiada con anterioridad frente a la consola de

---

[2]Luis Bonafoux y Quintero (1855–1918). Escritor y periodista español que cursó su bachillerato en Puerto Rico. Fue uno de los cronistas más leídos y admirados del periodismo español. "Clarín y Bonafoux" hace referencia a la popular disputa entre Bonafoux y Leopoldo Alas (Clarín), donde el primero acusaba al autor de *La Regenta* (1884) de plagiar la novela *Madame Bovary* (1857).

su casa, y empieza. Nos habla primero, de nuestra falta de unión (what ever that is) y define lo que para él es unión. Por lo general es algo que esté muy de acuerdo con su futuro personal.

Del tema, de la unión, según él, pasa a los resultados prácticos para la Colonia (y no para él) y para la raza, y para Puerto Rico, para Sur América y hasta para el mismísimo Rey Don Alfonso. Como todo esto es una solemne mentecatada para pescar incautos, que no saben que los únicos beneficiados serían los bootieggers y boliteros de la "cliquee", todo esto es adornado muy bonitamente con adjetivaciones repetidas y terminaciones como "el alma avasalladorea de la raza". (aplausos), "el honor vilipendiado de la Colonia" (más aplausos), "la reencarnación del espíritu de los Conquistadores (aplausos ensorde-cedores). La bullalanga que lo oye no se pone a analizar lo que ha dicho el distinguido. Su cerebro, aletargado por el sonido de las grandes frases, no observa que este honorable tío no ha dicho natín[3] de lo que en buena ley debe ser buscado para la Colonia.

A estos párrafos dichos con voz trémula, como de mandolina mal afinada, le sigue el cierre. Aquí viene aquello de "los cachorros del León, desunidos y dispersos" y un poco de fraternidá, libertá y unidá, y el toque de gracia, el que es costumbre decirse con los ojos semi-cerrados, un pie alante y otro atrás, y la mano estirada en el vacío lán-guidamente, algo como "el peñón irredento batido sin cesar por la aguas del Caribe, en paciente espera del esfuerzo de su hijos". Aquí se queda day light. Los vivas, los aplausos. Y la bullalanga sale sin pensar ni siquiera por un minuto en su renta enorme, su buhardilla insalubre, su pega insegura, sus hijos en el "home". Mas va contenta porque no oyó hablar de su miseria y del caos político-económico-social de su patria. Oyó hablar del "deber" y el "honor" y las her-mosas puestas de sol de su tierra.

¡Beeaauutiful!

Y estamos como estamos

Por eso:

La bullalanga sin seso.

Miquis Tiquis

---

[3]Nada, no ha dicho nada importante.

La brosa portorriqueña

La brosa portorriqueña como todas las brosas, tiene en la ciudad su punto de reunión. El día que quieras ver, lector, reunidos en baja y rugiente algarabía al extítere maldiciente y grosero, al vendedor de maní tostao, al vividor del burdel; en fin, al conjunto amorfo y chillante de la brosa boricua, coge off una mañana de cualquier lunes (aunque no seas "zapatero"), y dirígete a cualesquiera de los muelles por donde desembarcan tus paisanos, a la gran metrópoli, y allí, los verás a todos reunidos, confundidos entre las personas decentes que allí van a saludar amigos, o a buscar familiares.

En verdad que al poco observador y conocedor del "elemento", estos tipos que han evolucionado del vendedor de maní y el limpiabota hasta el ciudadano neoyorquino, amante del casimir fiado, no podrán ser separados de los ciudadanos serios y respetably. Más, para el que haya tenido oportunidad para observar por algún tiempo el público, que se reúne el día de las entradas de los barcos, le es muy fácil separar la persona seria del asiduo desocupado, que a falta de la quora pa el cine, se va al muelle a reírse de la manera en que desembarcan sus paisanos.

Este residuo social se busca y se apiña conjuntamente de la misma manera que las moléculas de afines propiedades se juntan en la materia.

Éste, que vino escondido en la centina allá por el 17, busca a aquél otro de apodo degradante, y van a juntarse con un tercero, que cuando vino tuvieron que hacerle una recolecta al desembarcar. Y ya todos juntos empieza la crítica insolente e insultante de sus compatriotas recién llegados.

Si hay una pasajera que por desgracia se le salen un poco las enaguas, eso, para esta ralea social del pábulo es para un largo y sucio comentario a toda boca; si hay otro pasajero que tuvo la desgracia de vestirse de acuerdo con la poca adelantada moda de su aldea, eso, para esta brosa acepillada es motivo para carcajadas infantiles. Y mientras comentan e insultan, y dan a conocer al yanqui su bajo nivel de educación y roce social, no se acuerdan los muy desgraciados, ni por un momento, las condiciones en que ellos mismos vinieron. Condiciones quizás más deshonrosas que la de los actuales pasajeros. Conozco muchos de esta "mancha" que no pegan un lunes ni así se tuvieran que morir de hambre.

Uno de los que más vocifera sale a principio de semana, como si fuera a buscar trabajo, y en vez de ir a buscar donde doblar el lomo, que bien grande lo tiene, va derechito para el "35", a criticar los espejos de los que él mismo era antes de meterse en "spats" y coger fiadas las tres perchas que tiene. ¡Y la hermanita, tan duro que trabaja para pagarle el bordin!

¿Y qué puede hacerse para hacer desaparecer estas escupitinas sociales que se esfuerzan tanto en denigrar el buen nombre y la cultura de Puerto Rico? Por el momento, el que escribe sugiere dar toda la publicidad posible a estas excrecencias sociales, citándolas por sus nombres si es necesario, y así conocidos por todos, aislarlos o acabarlos de matar socialmente, como la claridad mata al microbio de las enfermedades contagiosas. Sugiere también, que muchos de aquéllos que, quizás inocentemente se ocupan de "reírle las gracias"—si pueden llamarse gracias a tales insultos—se abstengan de ello, quitándole así fuerza a las payasadas de estas asquerosas alimañas.

Y esperemos hasta cuando
Unos cambien trabajando
Y otros, de vivir cansados
Se tiren por los tejados.

Miquis Tiquis

Los bordantes

Confesamos en los términos más puros de la delicada lengua castellana, que muchos de estos *bordantes* que viven en nuestras casas de
familias *latinas* tienen la giel reventá. Tienen unos . . . unos . . . unos;
que . . . que . . . bueno, mejor no sería ni hablar mucho; pero no cuesta.

Como todo el mundo, estos bordantes pueden dividirse en diferentes clases o tipos. El primer tipo que se me ocurre, es el *bordante*
que viene aún fresquesito; acabadito de llegar; aún con el "bendito sea
Dios" y el amarillento y anémico palor[1] de los campos tropicales. ¿Tú
me entiendes, lector? El guajiro[2] que aún el judío no lo anda buscando de apartamento en apartamento y de piso en piso.

Pues bien. Este tipo de *bordante* viene, las más de las veces, más
pelao que un *forro e catre*. La señora y el señor del *boarding* le dan su
caucho o camamesa, donde el *grinbon* duerme y come quizás un par
de meses en lo que se acomoda. El señor de la casa se esg[ü]esa
buscándole trabajo, le da *pal carro* y *pal lunch* la primera semana que
pega, le abre crédito con sus docenas de judíos, etc. El hombre se acomoda y después que ha hechado pelo . . . ¿habré de terminar este párrafo diciendo cómo paga la mayoría estos favores? Pues, lector, si no
estás enterado te diré que cogen su maleta (si es que vinieron con
maleta) y salen disparados para otra casa, sin haber pagado los meses
del *manyi y caucho* a los que los favorecieron, antes de coger el piso[3]
en la ciudad. Y después . . . si te vi no te conozco.

Hay un segundo tipo. El tipo de andante ya establecido. El que
conoce ya el barrio. El tipo donjuanesco y atrevido, que ha recorrido
ya casi todas las casas de bordantes del barrio. ¿Por qué fulano se
muda tanto? ¿Por qué Sutano tiene que cambiar de domicilio, casi
todas las semanas? Pues simplemente, porque Fulano y Sutano
pertenecen a esta segunda clase de bordantes. Ésta es la que se muda
a las casas no porque cocinen bien y porque haya respeto en ellas. No.
Estos tipos se mudan porque al pasar por la casa donde piensan

---

[1]Palidez.
[2]Provinciano, campesino, cubano que no es de La Habana.
[3]Valerse por sí mismos, independizarse.

mudarse, la señora de la casa le estuvo guapa, o algo sonriente, o porque había una chiquita *pasá*, o porque había una doña que por la manera que bailó . . . En suma, este tipo se dedica a vivir entre bayú,[4] jugadas, alambiques, esperanzas de aventuras más o menos lícitas y cosas por el estilo. Cuando se cansa de tal bayú que llama una vivienda o cuando descubre que donde se mudó no era lo que se creía, se vuelve a mudar y . . . *palante*.

Hay otra tercera clase de bordante. El bordante reparón y místico. Esta clase que por lo general en su vida las han visto más gordas, se la pasa echándoselas[5] siempre de Martínez Campos y poniendo falta a todo y criticándolo todo. Le gusta hablar mucho de su pasado: cuando él era . . . cuando él tenía . . . hablan muy poco de su presente y cuando lo hacen descubren enseguida su antigua vida pobre y su escasa cultura. Se las pasan de finudos y delicados. Y a cada minuto meten las cuatro.[6] Por lo general son tacaños y duros en los pagos, y exigen más que un mismo rey. La única manera de tratar con esta clase de *bordantes* es poniéndoles de patitas en el *ball*. Es la única manera de tratar con las personas groseras y estúpidas que se creen cultas e inteligentes.

Hay otros varios tipos entre estos *bordantes* muy curiosos y variados, pero debo terminar. Y terminaré describiendo casi a vuelo de pluma[7] el bordante estancado; es decir, cierto tipo que al encontrarse sin trabajo (y hay veces hasta con dinero en el correo), se constituyen en una amenaza para el amo del *boarding*. Es un tipo que si todos los cuartos están ocupados y ve que el dueño está ganando algo, se dedica a dar bromas pesadas al dueño y a refunfuñar con los demás, haciendo que estos también se disgusten. Estos desgraciados no ven cuando la casa está vacía y se tiene que sacar la renta del aire. Sólo ven cuando se gana. ¡Y mándelos usted aunque sea a buscar un porrón de leche a la bodega! Hablan que se quedan con el apartamento. Que si "no soy sirviente de nadie", que "su reputación y su sociedad no le permite andar con porrones de leche por la calle" y otros miles

---

[4]Fiestas, diversiones.
[5]Jaztándose.
[6]Meten las cuatro patas.
[7]En pocas palabras.

de inocencias y de orgullos mal fundados. Y a todo esto no piensa que le está llenando las calderas con frijoles:

> *Hay ca clase de bordante,*
> *En este barrio latino.*
> *Que por el window de alante*
> *Debe de echarse al instante*
> *No merece otro camino.*

Miquis Tiquis

Nuestras señoritas latinas

Desde algún tiempo a esta parte estamos notando con pena los valores que en sus pretendientes buscan nuestras señoritas latinas. Son tantos y tantos los desgraciados enlaces matrimoniales, producto del viciado *love at first sight*, y de otros muchas pueriles tonterías, que no nos es posible por más tiempo contenernos sin expresar lo que pensamos sobre tan importante problema.

En los tiempos de nuestros abuelos y hasta de nuestros padres, los futuros esposos se escogían por sus cultas costumbres, su amor a la novia y a la *pega*, y su proceder, como hombres, en las crisis de sus vidas. Estas cosas y otras muchas más variadas y minuciosas eran estudiadas por toda la familia por un largo período de tiempo.

Sugerirle a una de estas recién nacidas vestidas de señoritas, que consulten sobre las cualidades de su novio con su mamá o con alguna persona de más experiencia, es captarse de ellas odio eterno.

Nos tildarán de entrometidos y de *old fashioned*. ¿Acaso no son ellas bastantes mujeres? ¿Acaso no conocen ellas el mundo?

Líbrenos el cielo de escribir aquí que lo que de hacerse es caer en la moral cohibida, y hasta cierto punto hipócrita, de aquellos tiempos pasados. Nuestras ideas de moral, como en todo, son bastante avanzadas para cegarnos a las extremidades de restricción en que caían nuestros abuelos.

Pero no por esto vamos a caer en la otra extremidad: la de creer que una muchachita con aires de mujer, se la deje en la perfecta libertad para hacer el matrimonio, cómo y con quién ella le plazca.

Vamos a ver. ¿Qué saben estas jovenzuelas de lo que es la vida? ¿Lo que es la verdad, la hipocresía y el engaño? ¿Qué saben de los valores primordiales, que poco más o menos aseguren algo de lo que llamamos felicidad?

No hay sino que ponerse a oír sus cuchicheos[1] en un baile o fiesta cualquiera donde comentan entre sí de sus *pestillos.*[2]

---

[1]Conversaciones secretas en voz baja, murmuraciones.
[2]Encuentros amorosos clandestinos.

Estas son las frases que se oyen:

"¡Hay, chica, baila tan bien el *charleston* y el *black-bottom*!" "Muchacha, el mío viste tan *chic*". "¡Qué guapo el mío! ¡Qué mono es! Se parece a . . . " y aquí el nombre de cualesquier artista de película.

Imagínate tú, lector, ¡Como si con charleston, trajes y belleza, más para mujeres que para hombres, se pudieran traer los frijoles a la casa! Estas niñitas casi sin haber salido aún del cascarón[3] se olvidan de que eso que se llama matrimonio, hogar, familia, es algo más serio que el brincar saltimbánquicamente en un salón de baile. ¡Pobrecitas! ¡Y hable usted así a una de estas pollitas! Ponen a veces otras razones, que si no fuera por tristes y desastrosas en sus efectos, serían dignas de unas cuantas carcajadas.

A veces se le oye decir: "El es alemán. Su padre tiene fincas. Casándome con él adelantaré la raza",[4] y así otras cuantas tonterías popularizadas por el vulgo que no razona ni lee—vulgo lleno de prejuicios estúpidos.

No piensan que para el que se casa por sólo la atracción sexual de una figura, el matrimonio le es un martirio, después que el apetito animal de los primeros meses es desplazado por las más duras realidades de la vida.

Y entonces es cuando empieza los "quién me lo hubiera dicho", y los "quién lo hubiera creído!"

Y el resultado siempre es el mismo cuando se buscan valores superficiales o valores inventados, o exigidos por una sociedad basada en principios corruptos, decadentes, y artificiosos.

Nuestras recomendaciones son que se observen primero estos valores fundamentales en el pretendiente: amor a su novia, y al trabajo, y ambición de ser algo en el mañana, esto es, de vivir una vida independiente y desahogada, pero con honra al calor de su familia. Si el pretendiente tiene estas prendas y además baila bien, es bonito y viste *chic*, mucho mejor. Pero lo principal es que tenga los llamados valores fundamentales, no importa que sea alemán, japonés, judío, o italiano.

---

[3]"Salir de cascarón", no tener suficiente experiencia en la vida.
[4]Blanquear la piel mediante el cruce de sangre sajona.

Recuerden las muchachitas que:

Con la carita bonita
Y el bailar requetebién
No se hace la comprita
Ni se calienta el sartén

Miquis Tiquis

"Spanish people lived here before"

El yapecito de buscar apartamento, es uno de los trabajitos que yo menos envidio, aunque para los espíritus filosóficos y observadores, como el mío, resulta de alguna utilidad . . .

Aquí, lector, paro de escribir para sacar el pecho y meterme los dos pulgares en las correspondientes mangas del chaleco y quedarme un rato admirándome a mí mismo, ya que no hay nadie que lo haga por mí . . .

Y ahora, como creo que dije antes, tuve que mudarme, y esto no lo digo porque sea *bolitero*, ni venda cañita y quiera que mis *customers* sepan que me he mudado. Los idealistas *desilusionados* no tenemos la *inteligencia* para guiarnos a tan *honrosas y morales* profesiones . . .

Buscando apartamento pude observar que los de nuestra raza no se mudan nunca, ¿quién dijo lo contrario? Si acaso, por casualidad algún día, lector, buscas apartamento, fíjate cuando te digan: "Spanish people lived here before", porque ese dicho lleva toda su miga y todo un mundo de filosofía . . .

Mientras buscaba piso, ¡cuidado que vi suciedad! Daba grima entrar en algunos . . . En uno, que me dijeron que "latinos" habían vivido en él, me saludaron al abrir la puerta, gases y bombas asfixiantes; calcetines que se paraban solos en los pasillos, como si se dispusieran a atacarme . . . Y si eso fue en los pasillos, imagínense los lectores lo que habría por dentro . . .

Describiré sin embargo, a vuela pluma, algunas características íntimas y propias de estos apartamentos que han sido habitados por nuestra gente. Con muy poquísimas excepciones, los hispanos no barren el piso que desocupan. Cuando se les insinúa que lo hagan, entonces podemos oír aquella funesta peroración de: ¿que yo barra y limpie el apartamento?, ¡pues no faltaba más!, ¡como si yo lo hubiera encontrado limpio cuando me mudé!, bastante tengo con limpiar el que alquilé, pues lo encontré más sucio que un chaleco de ciego.

Y todo esto dicho por una señora que cree en Jesucristo, pero que como todos los buenos cristianos, cambia en la práctica por aquello de que "perdonad a los que no saben los que hacen" cuenta como parte de sus evangelios; y porque, en su confesión cristiana, es partidario del culto de la filosofía musulmana "de ojo por ojo y diente por diente . . . "

Encontré otro apartamento que parecía que los inquilinos se entretenían en jugar carnaval con los papelillos que habían hecho con las cartas recibidas durante los años que vivieron allí . . . Me convencí que eran de la invicta raza del Cid Campeador y de la del gran indio Benito Juárez, porque tuve la curiosidad y la paciencia de recoger y leer algunos fragmentitos de las cartas y en ellos pude leer: "no te olvides", "de jugarme", "el 24", "de pajarito", "pues anoche soñé con", "perro muerto . . . " Otros decían: "envíame", "mándame", "proporcióname", etc. En fin, las consabidas frases de los que escriben a sus familiares y amigos . . .

En otro apartamento encontré una colección vulgar de postales pornográficas, representando niñas obesas en el "bathing suit" clavadas con tachuelas en las paredes del baño, con dedicatorias tan depravadas que sobrepasaban a cualquiera cosa que pudiera decir Paul de Kock,[1] Joaquín Belda o Felipe Trigo . . .

Para terminar, diré algo del que yo alquilé . . . Fue el más limpiecito de los que vi . . . Por gusto conté los zapatos viejos, las chancletas, sombreros y demás, que encontré por el suelo . . .

Reflexionando . . . ¿Qué ganamos con esto? Muchos son los americanos que vienen a ver estos apartamentos y al ver tanta suciedad y ser informados que allí vivieron "latinos," exclaman "Spanish, dirty people," frase que luego pasa de boca en boca, para honra y gloria de nuestra Colonia.

Creo que se puede hacer más por la reputación de los nuestros siendo un poquito más limpios para así ser más respetados . . . Barran los apartamentos, latinos, por Dios.

No sólo pluma y espada,
hacen patria; no señor
Escoba bien manejada
harán patria en Nueva York . . .

Miquis Tiquis

---

[1]Charles Pauld de Kock (1794–1871), novelista francés.

Todo Nueva York está bailando en nuestra casa

La asiduidad con que son visitados los "parlors" de ciertos hogares latinos (especialmente la noche del sábado), por numerosos conocidos y desconocidos, me ha hecho pensar un tanto en los que ciertas familias hispanas se han dado en llamar con complacencia y orgullito, "su popularidad".

Las otras noches pude leer, quizás indiscretamente, algunos de los párrafos de una carta que escribía para el trópico una de esas señoras que creen en este "popularismo". En ella, la señora decía, entre otras cosas: ". . . los sábados, chica, se nos llena la casa. Parece talmente que todo Nueva York está bailando en nuestra sala. Todos nos quieren, nos distinguen y nos aprecian tanto, que no creo que exagere si te digo que somos la familia más visitada y nombrada en el barrio".

¡Pobrecita señora, inocente y complacida! se dirigen multitud de jóvenes de ambos sexos al hogar de la popular señora. Por lo general, la "parranda" va haciendo comentarios por estilo:

"Vamos ahora a casa de la señora X. ¡Muchacho, qué buena pianola tiene la señora X! ¡¿Qué de danzones! ¡Imagínate, todos los de Rafael[1] y muchos más! Y la Victrola, ¡qué trozo de ortofónica! ¡"Heavy" y más! ¡Qué "bayús" se forman en casa de la señora X! ¡Oh boy, y lo más que me agrada es que ella siempre es muy espléndida con la "cañita".[2] Yo, en verdad, como la mayoría de los que la visitan, casi no la conozco, pero . . . "

Y por ahí, suma y sigue. No hablan de las cualidades personales de dicha señora. Cuando dicen algo acerca de ella es para comentar su "iliteracia", su "antimódico" vestir o su demasiado joven maridito. En fin, si hablan es para "pelarla"[3] de una u otra manera.

La señora X no ve, en su campesina inocencia, que este "crowd" que la visita y que ella se empeña en llamar sus amistades lo hace con la intención de pasar una noche de disipación y relajo. Ella, en sus delirios de popularidad barata, no entiende que la gente va a su casa por

---

[1]Rafael Hernández, el compositor puertorriqueño más popular.
[2]Bebida clandestina.
[3]Criticarla.

el baile, por el "chanchuyo"[4] y por el palo.[5] ¡Ellas no pueden visualizar que si algún día, como pasa tan a menudo en esta ciudad, la suerte cambia y el judío carga con la pianola y la Victrola, sus casas jamás serán frecuentadas por el noventa y nueve por ciento de las "amistades" que hoy la hacen creerse tan popular.

¡Pobre señora X! ¡Quisiera la fortuna que no cambie su suerte! ¡Que no se le muera ninguno de sus familiares que obliguen a "sus numerosas amistades" a venir a verla y ayudar en vez de a bailar! Porque entonces brillarán por su ausencia los muchos que hoy la visitan y la adulan.

Pa tener la casa llena
de amistades tan borrachas
valdrá más ponerse
a matar las cucarachas.

---

[4]Negocios ilícitos.
[5]El trago de ron.

Los miedos al qué dirán

Uno de los miedos más comunes y más desastrosos es el miedo al qué dirán. Sus resultados son variados, como múltiples son las emociones de la gente. Se cae en los gastos más extravagantes y se dicen las más ridículas mentiras para vivir dentro de lo que llaman el "standard" de vida del rango social en que se tiene la desgracia o fortuna de nacer.

El miedo al qué dirán engendra una monotonía en los hogares y en las conversaciones que llaman de sociedad, que a veces me asombro por qué no hay más asilados en los manicomios y en los hospitales.

El otro día estaba en casa de un amigo que tiene la "desgracia" de gustarle la música clásica. Una "charlestonera" que allí estaba de visita, de ésas que creen que Paderewski es el nombre de un cobrador judío, empezó a pedir los últimos "hits". Como la mitad de las piezas que se tocaban eran clásicas y como no tenían los últimos "fox", la trivial jovencita empezó a charlar irónicamente, ya que no podía bailar al son de la serenata de Shubert. Cuando quedaron solos los íntimos de la familia, pasó lo que yo esperaba. La señora de mi amigo le salió con tres piedras en la mano. "Ahora si que estamos bien," comenta acaloradamente, "tú todos los sábados comprando esas porquerías de clásicos y la gente viniendo y no encontrando lo último que se está bailando en Broadway. Dirá todo el mundo si tú sigues comprando tales tonterías, que nosotros no sabemos lo que es música". ¡Oh el temor del qué dirán de las gentes! ¡Cuántas estupideces nos hacen decir y cometer!

Otro día salí con un amigo y su señora a dar una vuelta por "downtown". Nos paramos frente a una tienda donde se vendían dibujos artísticos a precios moderadísimos. Mi amigo, que gusta de las cosas delicadas y bellas, le llamó la atención un desnudo de una ninfa, mirándose en un lago, que quiso entrar y comprarlo.

Pero . . . su señora puso el grito en el cielo. Con su gusto de Cinco y Diez[1] se interpuso y con una voz religiosa y moral dijo: "¡Parece mentira! ¿te atreverías tú a comprar esa estampa con una mujer contemplando sus carnes en una quebrá,[2] para guindarla[3] en la sala de nuestra casa. ¡Hombre de Dios, qué dirá la gente!"

---

[1]Mal gusto o gusto barato.
[2]Apócope de quebrada, arroyo, riachuelo.
[3]Colgarla.

Por siempre y para siempre el qué dirán como un alcalde altivo, rudo, e inmutable.

Ser diferente y pensar diferente al grupo ciego, miedoso y rutinario es de lo más atrevido para las mentes mediocres de la generalidad de los humanos. No conciben que todo progreso empieza con aquél que se atreve a pensar y a actuar de otra manera.

Que un tango esté de moda y no se tenga en la Victrola; que un traje sea lo último dictado por París y no se tenga de él una imitación barata; que todas las familias tengan muebles de peluche en la sala y uno los tenga; que todo el mundo diga que fulano sabe mucho y uno se atreva a dudarlo, que todo el mundo adorne sus salas con los cuadritos uniformes del Ten Cent y uno no se atreva a adornar la suya con los buenos, aunque baratos *water colors*, es lo bastante para ser llamado por estos esclavos del prurito, la moda y la costumbre: loco orgulloso, y repugnante.

Este miedo a la opinión de la horda nos hace repetir miles de veces las desacreditadas actualidades del pasado. Al presente, este miedo ridículo se está posesionando de las más altas manifestaciones e ideales de las mentes de los individuos, haciendo de las creencias políticas, religiosas y patrióticas un sentimiento cortado a molde que obedece maquinalmente a los dictados de la llamada mayoría.

Cuando se habla del individualismo latino, de la herencia espiritual que nos legara el loco de la Mancha y de otras tantas leyendas propias para dormir a niños y que nuestros hombres representativos se empeñan en presentarnos como profundas exposiciones de la fuerza de la Raza, una risita triste e irónica se apodera de mis labios, porque estoy convencido que desde la señora de mi amigo que teme al qué dirán de las visitas, hasta los respetables señores representantes de nuestras repúblicas en la Unión Pan Americana, no tienen ni pizca de valor moral para revolucionarse contra las estúpidas creencias, cortesías, convencionalismos y miedos ridículos, que esclavizan nuestras almas, nuestras voluntades, y nuestra personalidad.

Miquis Tiquis

Mis vecinos, de la vida en verso

Señor Director:
Permita un momento
Que le diga a usted
Lo que está pasando,
Por mi apartamento
Tres o cuatro cosas,
que parecen de niños,
O de personas locas.
Fui el primer latino
que alquilé donde ahora
Viven más de mil,
Latinos que sobran
Cuando estaba el "building",
Con "gringos" de sobra,
Mas he de contarle
Detalladamente
cómo cambió todo,
al llegar "mi gente"
En la galería,
Y escalera toda
Han escrito frases . . .
frases horrorosas.
Hay siempre grupitos,
Tapando la entrada
Dando a la que pasa,
Groseras miradas;
A la vez que hablando
Entre carcajadas,
De cosas obscenas,
De pintas . . . jugadas . . .
Bajan la escalera,
Cual salvajes potros,
Importando nada,
El sueño de otros.
el radio, pianola,

El brinco y el salto . . .
La antigua victrola
Es un sobresalto
Toca que te toca,
Baila que te baila,
¿Cree que a las diez cierran?
¿Cree que la diez paran?
¡Vamos, Mr. Vega![1]
¡Qué inocente, valga!
¡A las diez empiezan,
A las dos acaban!
Y a esa hora comienzan,
A abrirse los cauchos,
Con ruido increíble,
Cual campo gitano
¡Bim, ban! (una lluvia
Cual de mil zapatos)
¡Y yo que creía,
que iba a estar salvo,
Viviendo contiguo,
A cientos de hispanos!
Y esto es Director,
Lo que yo he sacado:
Dolor de cabeza,
Miles de altercados,
Oír palabras sucias,
Chanchuyos, ¡el diablo!
Si visto muy sucio
Critican, si salgo
vestido de nuevo,
Me miran odiando.
Me roban la leche,
Las cartas, el diario
El coche del nene . . .

---

[1]Bernardo Vega, director y dueño de *Gráfico* (1927–1929).

Me han robado el santo
Derecho que tengo,
A un tranquilo cuarto
¿Quién dice que estamos
Aún civilizados?

Miquis Tiquis

Nuestra gente, de la vida en verso

Señor Director:
Dispense otra vez,
que moleste yo,
Escribiendo a Ud.
Mas si no escribiera,
Así entre ratitos,
Explotaría viendo
Las cosas que tienen,
Nuestros "hermanitos",
Hace ya unos días
Que oí en la avenida,
Un grupito hablando,
Hablando de cosas,
De cosas sabidas . . .
Hablaban del crimen,
que en Brooklyn hicieron
Ganga de bandidos,
Contra borinqueños.
Decían muchas cosas.
Decían que debiéramos,
Tener sociedades
Y grandes voceros,
Mil instituciones,
De aquello y de esto . . .
Hablando y hablando
Y yo sonriendo . . .
Mezclaban su plática
Con grandes palabras:
"Honor", "Patria", "Pueblo" . . .
¡Qué mucho les gusta
Hablar a los nuestros!
Y mientras hablaban
Pensaba en mis adentro,
Si compran GRÁFICO

Si iban a algún centro,
De los que tratamos,
Con muchos esfuerzos
De levantar hoy,
Y tener abiertos.
Habla que te habla,
Mas actuar ¡ni muertos!
Si por ver no más,
El *Gráfico* ofrezco,
Entre aquel grupito,
Quería un vocero,
No hubieran comprado.
Más de uno, y eso,
Para uno por uno,
A su turno leerlo,
Mas si se me ocurre
decir, Compañeros:
 A "ponerse" todos,
"pa" la pinta,[1] ello,
me hubiera traído,
sin fin de dinero.
Nuestra gente gusta,
de hablar; mas no pasan,
de ayudar actuando,
palabras, palabras.
Donde sólo se unen,
es en club donde haya
el baile inmoral,
Botella y baraja;
Y así, Mr. Vega,
No seremos nada.

Miquis Tiquis

---

[1]Botella de licor.

¿Por qué los latinos viven en *top floor?*

Una de mis más grandes especulaciones filosóficas por estos últimos meses ha sido el querer averiguar por qué casi todos los "latinos" viven en *top-floor.* Pensé primero escribir una tésis o tisis (no sé si es tisis o tesis como se dice), y hacer que un amigo de estos literatos del GRÁFICO la recomendara al jurado del premio Nobel, ese premio internacional que dan cada año a los noveles en literatura. Pero después de examinar nuestro pasado número, vi que tanto honor era coger el premio Nobel, como escribir en tan bien escrita y presentada revista. Ahora bien; ya que me he decidido a desarrollar mi tisis, digo tésis, en este semanario, empezaremos diciendo que hay tantas razones por las que los "latinos" viven en los últimos pisos, como familias hay en el barrio de Harlem.

Una de las razones principales es la ordenanza por el Consejo Municipal de Nueva York, hace ya varios años que aunque ya no es aplicada con tanto rigor, manda a los *janitors* de la ciudad a que alquilen a los hispanos sólo los últimos pisos de los edificios cuanto más alto mejor. Según este alto cuerpo municipal, el "latino" necesita sudar un poco la anemia que importa consigo de los trópicos, y no hay manera más simple y económica para el municipio, que hacerlos subir y bajar diariamente las escaleras más altas de los *tenement houses* en la ciudad.

¡Qué sesera más preclara la de estos concejales neoyorquinos! ¡Y eso que no hay un *Spanish* entre ellos! ¡Qué cuando lo haya! ¿Qué dice el amigo Fiol?[1] Otra de las razones por las cuales el "latino" vive en los *top-floors* es para hacerle más ardua, cansada, y miserable la vida a los miles de cobradores que como moscas tras la golosina están persiguiendo eternamente a los hispanos. Hay cobradores que cansados de subir y bajar tantas escaleras dejan de cobrar por un tiempo la Victrola. Y ¡lo que quería el hispano! ¡Le dió tiempo de mudarse! ¡Y, adiós dinero de la victrola!

---

[1] Víctor Fiol Ramos, candidato por el Partido Republicano para el Consejo de la ciudad de Nueva York por el Distrito 17 en el 1927. Su candidatura creó divisiones internas entre los puertorriqueños.

También es una comodidad para el "latino" vivir en top floor. El latino que casi nunca se muda (¿¿¿¿¿!!!!), cuando lo hace, lo encuentra más cómodo mudarse por la azotea. Como *anyhow* se va mudar a otro *top-floor,* encuentra la cosa más lógica del mundo mudarse por el aire. Parece así como si estuviera mudándose por un primer piso a otro primer piso. Con el tiempo creo que se podrán los *letter boxes* de los "latinos" en las entradas de las azoteas. Es tan común esto de hacer mudanzas por las azoteas que a veces algunos de nuestros buenos hermanitos de raza, hasta nos mudan por el *roofs s*in nuestro consentimiento. ¡Son tan bueeenos!

Esta misma bondad es la que nos tiene viviendo casi por los tejados Dios, en su gran omnipotencia sabe que nosotros somos la raza predilecta y nos quiere tener lo más cerca posible de Él. ¿Predilectos, dije? ¡Dispensa lector, mi gran modestia! ¡Somos los selectos, la crema de la tierra! Sólo con haber nacido en un pedacito de terreno hispano o exhispano, estamos absolutamente preparados para ser electos a los más altos tribunales y congresos. "¿Estudio, justicia, individualidad?" ¿Para qué? Sólo con pararnos en ciento doce y Lenox y gritar ¡Hic Latinii!; o palabras a ese tenor en nuestra lengua angloespañola, ser lo bastante para que a "los latinos" se nos coloque en el puesto que deseamos. Ellos escribirán las cruces necesarias en nombre de la raza de la patria. ¡Oh masa inteligente e iluminada! ¡Por algo estás viviendo en los últimos pisos, cerca de los cielos!

Miquis Tiquis

"Cómo pasar un good time"

Hay gustos que merecen palos. Entre esta clase de gustos podemos mencionar el concepto de un "good time" o el *good time* que parece estar en boga entre nuestra juventud latina.

¿Será que yo me estoy poniendo "old fashioned" o que a fuerza de estudiar detenidamente lo que me ha ocurrido a mí y a mis amigos, he llegado a la conclusión de que el *good time* tal y como lo entiende la moderna muchachería hispana, no paga.

El *good time,* o sea lo que en antiguo castellano se llama un buen rato, es hoy para la generalidad una serie de actos más o menos vulgares, monótonos y antiestéticos.

Pero dejémonos de filosofar de cosas abstractas y vamos, como dice Cervantes, al grano. Cogemos, por ejemplo, el caso de un latino cualesquiera el día del sábado. Pongámoslo saliendo por la puerta del *subway* a eso de la tarde. Sigámoslo, imaginariamente, y veamos así lo que se entiende hoy día, entre nuestros obreros, por un buen tiempo. Sale del *subway* y va por Lenox con una sonrisita que parece decir a todo el mundo: "Estoy libre por día medio. Tengo una pega de $22.50 en un sobrecito en mi bolsillo, y puedo hacer lo que me da la gana". Sigue caminando y entra en la primera barbería donde, después de enterarse del número de la bolita, se sienta pacientemente hasta que llega su turno. Ya recortado y afeitado pasa por la casa de préstamos, de donde saca su reloj o su percha dominguera,[1] y se dirige derechito a su *furnished room.* Allí se cambia de ropa y después de pagar la renta y parte de lo que tenía atrasadito, se dirige al restaurant de la esquina donde, a la vez que se va metiendo los trozos, se entera por boca de los demás comensales dónde es que van a celebrar los santos, los bautismos y los *parties* de la noche.

Sale del restaurant y se mete en el primer pocito que encuentra en su camino y allí para pisar las fritas se bebe una bomba de dinamita en forma de media pinta de lo que por equivocación se ha dado en llamar whiskey. Cuando va a salir del pocito, entra un amigo, que también está buscando un *good time.* Se saludan muy afectuosamente. El amigo que venía a darse el trancazo, manda a servir la pinta. Se pone

---

[1]Vestimenta para ocasiones especiales.

la pinta. Se beben la pinta. Aquí el amigo que venimos persiguiendo mentalmente desde el *subway,* piensa en la cortesía, la reciprocidad y caballerosidad innata en nuestra raza latina. El hombre piensa que no se puede quedar dao,[2] y manda a poner otra pinta. Y se puso la otra y se bebió la otra. Se despide del amigo por centésima vez. Y como las despedidas siempre tiene que ser acentuadas con algo, se beben la última de todas las últimas de las medias pintas ordenadas.

Sale nuestro hombre con las calderas ya con bastante presión. Su rostro caliente y sudoroso es refrescado por el aire de afuera y sus labios encarnados en forma de tubo, erutan repetidamente echando al ambiente gases alcohólicos.

Está casi seguro que lleva una cabeza entre los hombros por el zumbido pesado y amodorrante que siente dentro de ella. Oye una pianola tocando un danzón. Se dirige hacia el apartamento de donde viene la música y al oír ruido de parejas toca a la puerta: sale la señora de la casa y nuestro hombre pregunta por un nombre cualquiera, mientras mira a ver si reconoce a algunos de los presentes. Si reconoce a alguien, aunque sólo lo haya visto en la calle, se dirige sin esperar permiso de la dueña de la casa, hacia el reconocido, al que saluda como si se conociesen de *long time.*

Después de bailar casi arrebatando las parejas que, con razón, lo miran como un imprudente, se marcha, quizá con el sobretodo de otro y el sombrero de un tercero. Después de caminar un par de horas a tontas y a locas buscando otra fiesta en donde alborotar se va a su *furnished room,* donde con tó[3] y ropa se tira a lo largo de su cama de una plaza.

Y este *average Spanish* que hemos seguido mentalmente desde el sábado hasta el domingo, irá a la factoría el lunes hablando jactanciosamente del *grand good time* que se dio en la noche del sábado.

Y eso es un *good time,* señores,
Para miles de latinos
Pasatiempos con rigores
Gozos tontos y dañinos.

Miquis Tiquis

---

[2]"Quedarse dao", sentimiento que proviene de un juego infantil que consiste en responder una ofensa o un favor con otro igual. La persona que reciba la última afrenta o el último favor "se queda dao", o sea, es humillado.
[3]Apócope de todo.

"Pull"

Me habló de su automóvil, de su trabajo suave,
Que por una cartita de un jefe consiguió;
Me habló de su señora, su querida y su parte
En las negociaciones del "political boss."

Me dijo como siendo su trabajo indeseable,
Por encima de otros más diestros ascendió;
Me habló del club, del frac, del banquete y del baile
Conque honró en su casita al político dios.

Me habló de su alambique; me habló de su jugada;
Sonriose desdeñoso de la ley, ¡él mandaba!
Salí meditativo mirando hacia el azul.

Mas antes de marcharme pregunté a esta potencia
Las prendas personales que le daban tal fuerza,
Y me dijo: "¡Que prendas, lo que vale es el "pull"!

Jesús Colón

35

Pánico[1]

Un tumulto apretado, grasoso y pobre,
Una triste plaza de hierro mohoso,
Un cielo gris pero sin humo, sobre
Un inmenso silencio de un mundo ojeroso,

Una piara humana sin sudor salobre
Sobre el rostro sedo contrito y huesoso;
Un par de monedas de color de cobre
Corriendo de un banco a otro más dichoso . . .

Una huelga, un motín, un suicidio, un asalto,
Una oración y un tiro caen de lo alto
Como un antifonismo sobre el enjambre.

Un tren de rompe-huelgas y una hoja suelta,
Una orden de roten[2] sobre el pueblo disuelta,
Y un olor de muerte, y de pasión y de hambre.

Jesús Colón

---

[1]Escrito durante el pánico financiero de Wall Street en 1929.
[2]Imperativo del verbo rotar, ¡Caminen!, ¡Muévanse!

Cartas inmorales a mi novia

Carta primera

Amada mía:

¡Hoy cumplimos diez años de amores! ¡Diez años escribiendo de dos a cuatro cartas por semana! Cartas llenas de frases delicadas, amorosas, sentidas . . . Perfumadas con el néctar misterioso e incomprensible de nuestro amor.

Hoy, como tributo a nuestra primera decena de años en relaciones amorosas, me he puesto a rememorar todo lo que te he escrito en tantas cartas: lo bueno, lo malo, lo bello y lo útil y lo práctico para nuestra futura vida matrimonial. Del bien, te he dicho poco, porque tú estás identificada con él. De lo bello me ha sido fácil decirte bastante. El más torpe enamorado encontraría inspiración en tus características de mujer perfecta.

Mas, ¿qué te he escrito yo de lo útil, de lo práctico, de lo real; de eso que llaman la "vida"? ¿qué te he escrito sobre mi "yo" verdadero e íntimo? Como todos los enamorados te he escrito millares de cartas; y en ellas, los mismos "yo te amo", y "yo te adoro". Como todos los novios, me he embriagado con el ambiente ilusorio del país de las imágenes; olvidándome de lo rudo y trágico de la vida trepando eternamente por la trenza de Julieta, no he sabido detenerme a examinar el mundo de las realidades.

Hoy he decidido empezar a escribirte en un estilo nuevo. Una docena de cartas quizás que, si bien no tendrán la sonoridad de la flexible y delicada frase, te presentarán en síntesis lo que soy, pienso y siento. Serán unos como sumarios de los que creo, según mis lecturas y mis estudios, son las modernas interpretaciones de la moral, del amor, de la mujer, del hogar, y de la felicidad matrimonial. Trataré en estas cartas la diferencia de educación y de ambiente que existe entre nosotros, a la vez que me esforzaré por sentar el nuevo principio de absoluta verdad, claridad, e ingenua candidez que debe existir en las relaciones pre-matrimoniales.

Uno de los crímenes sociales que se cometen en la actualidad con más frecuencia y horribles resultados es la ignorancia en que son conducidas al tálamo nupcial las jóvenes de hoy día. Se les educa viciosamente contribuyendo el ambiente a que se formen ideas monstruosas y anticuadas sobre el amor y acerca de lo que son los fundamentos de la vida.

Yo quiero destituir los perversos rumores y groseros dibujos comunes en los cuartos "PARA NIÑAS" de nuestras escuelas públicas, con los conocimientos lógicos sobre materias basadas en el estudio, en el laboratorio y en la ciencia. Yo quiero que desaparezcan los múltiples convencionalismos que se basan en la tradición y la costumbre. Ellos serán reemplazados por conocimientos, quizás más nuevos; pero probados, no por inconsciente repetición, sino por los dictados de las realidades y necesidades modernas. Trataré de sustituir la frase: "Porque mis abuelos así lo hacían"; con la de: "Porque la razón y la ciencia así lo dictan".

Espero que el inmenso amor que nos profesamos sea lo bastante sólido para que resista esta nueva corriente de ideas; ideas que perturbarán tus emociones puras, inocentes, y eclesiásticas. Nacida, como has sido en el ambiente medioeval de tu casa empolvada por los años; cerca de la iglesia centenaria y del convento donde residen tus tías monjas, cuerpos enterrados en la flor de la juventud, no ha de extrañarme que me juzgues inmoral, atrevido y rebelde. Es costumbre tradicional llamar así a todo lo nuevo. El conservadorismo y la ortodoxia desarrollan cierto letargo intelectual que nos impide el estudio imparcial y sereno de todo lo que se manifiesta contrario a la rutina. Espero, sin embargo, que la claridad de mis argumentos triunfen al fin y limpien tu mente de las concepciones hechas por la ignorancia acerca de las cuestiones primordiales de la vida, y que empiece para ti la nueva era de luz y del progreso.

¿Querrás oírme? ¿Entenderás el nuevo decálogo de este mundo diferente al de nuestros padres? Entonces, me oirás hablar de la moral y del sexo, con la misma inocencia con que me has oído hablarte de las flores y de los pájaros.

Eternamente,
Pericles

Cartas inmorales a mi novia

Carta número dos

Mi bien amada:

Me dices que te ha sorprendido mucho mi deseo de explicarte cosas que, hasta ahora, no habían tenido ningún valor para ti. Veo que vamos a entretenernos mucho: tú con lo que llamas mis "herejías", yo con lo que me ha dado en llamar convencionalismos.

La serie de preguntas que me has hecho en tu carta, me obligan a escribirte ésta que será como continuación a la anterior. Sé que no comprendes la vida, sus dolores, sus injusticias, sus miserias y sus mentiras.

Antes de comenzar mi obra debo decirte algo sobre mi persona, mi persona mental y emotiva. De ese Pericles tú no conoces nada. Es común, demasiado común entre novios, esconder todas las cosas que puedan ser desagradables a la otra parte, hasta después de ser consumado el matrimonio. Esto es, hasta después que es difícil el remedio. Así si se es vulgar en la escritura, se busca alguien que escriba buenas cartas: si se es vago y despreocupado en el vestir, se hacen esfuerzos sobrehumanos por esconder estas faltas hasta después de la noche nupcial; si se padece de alguna enfermedad crónica u otro padecimiento físico, que pueda quizás para siempre quebrantar la salud, se toma buen cuidado en esconder todos sus síntomas hasta que sea legalizado el juramento de amor.

Después del matrimonio todo puede decirse, ¿acaso no está ya asegurada nuestra presa? Podemos entonces, enhorabuena, sacar a relucir todas nuestras humanas imperfecciones. ¡Oh, la despreciable hipocresía del amor tradicional!

Mas, si tratáramos solamente de esconder nuestras desventajas materiales y físicas, y fuésemos bastante cándidos para revelar siquiera algo sobre nuestras creencias e ideas sobre las cuestiones más fundamentales del amor y de la vida; si tuviésemos la franqueza de expresar lo que no nos agrada en el sentir y el pensar de nuestra novia o nuestro novio, antes de entrar en más serias relaciones, evitaríamos mucho de los disgustos, divorcios y tragedias tan comunes en nuestra sociedad.

Describámonos pues, como mejor podamos. Empezaré diciéndote que yo pertenezco a esa "inmensa minoría" que está absolutamente descontenta con los modos, las costumbres, y la "justicia" de la presente época. Soy de la minoría que no está conforme con que los menos posean hasta la saciedad, mientras que los más vivan en la más horrorosa pobreza; que no ve con agrado como el rico es absuelto de los crímenes más horrendos, mientras que el pobre es encerrado en una prisión por el más leve delito. Pertenezco a esa minoría que no cree necesaria la guerra, porque sabe que los vocablos "patria" y "honor", tan diestramente usados por los dueños del mundo, son pura palabrería que sólo sirve para llevar a efecto los más violentos crímenes.

Yo no creo en el lujo ni en el orgullo, ni en la aristocracia de la sangre; ni menos en la nueva aristocracia del dinero. El concepto aristocracia y el concepto decadencia son sinónimos, mal que le guste a todas las raíces griegas de que está compuesta esta funestísima palabra. La historia está ahí para probarlo.

Mi clase no cree que esta organización social que nos sujeta y esclaviza con sus leyes y sus reglas, sus tradiciones y sus costumbres, sea la forma más perfecta a que puede aspirar el género humano. Nacimos y este hecho de importancia sólo para nuestra familia es proclamado oficialmente mediante un certificado del estado que notifica al mundo en general el simple y nada nuevo accidente del haber nacido. Inmediatamente se quiere que el niño sea cristiano, esto es, prepararlo para que crea en el fárrago de ignorantes ideas e infantiles concepciones científicas y religiosas de nuestros padres. Empapamos la cabeza del nuevo vástago de la familia con las aguas bautismales, lo que se hace muy ceremoniosamente, dando ocasión para fiestas y orgías innumerables. Hacemos todo esto valiéndonos de la oportunidad de que el pobre niño no sabe decir una palabra. Si lo dejaran llegar a tener el entendimiento y libertad de acción, que generalmente se tiene a los veinte años, ¿se dejaría bautizar la humanidad?

Parece que te veo leyendo estas líneas y tildándome a la vez de hereje y de salvaje. Mas, ¿qué vamos a hacer? Así yo pienso y creo mi deber decirte todas estas mis "herejías" para que conozcas bien el hombre con quien aspiras a casarte. Yo no creo, repito, en ninguna traba oficial y ceremoniosa. Con el tiempo, si seguimos creyendo en todas las leyes se nos va a hacer imposible besar a nuestras esposas sin un permiso escrito por la autoridad. Leyes para todo, menos para lo que verdaderamente se necesita. Y en tanto el individuo maniatado y privado de sus derechos por los monopolistas de las utilidades públicas; explotándose así a la humanidad, sin que haya leyes que se opongan al inicuo despojo. Han llegado nuestros explotadores hasta influir para que nuestros cursos educativos sean cargados de materias inútiles, llenas de prejuicios históricos, económicos y raciales que retrasan enormemente el desarrollo intelectual de la humanidad.

Confío, amada mía, que en mis próximas cartas pueda hacerte comprender con facilidad el alcance que tienen estas materias que estoy esbozando y que te darás cuenta de la relación directa que ellas tienen con los asuntos prácticos de la vida conyugal. Te hablaré también sobre mis ideas acerca de Dios, de la religión y de la moral; materias que no pueden ser tratadas tan a la ligera como el bautismo, la sangre azul y la guerra entre los hombres.

Me despido suplicándote perdones este estilo seco y esta carta sin una palabra amorosa y sin una frase espiritual. La verdad es árida, triste y cruel.

Tuyo,
    Pericles

Cartas inmorales a mi novia

Carta número tres

Tu última carta está muy bien escrita, y refleja el gran amor que sientes por mí, al par que el profundo respeto que te inspiran tus creencias. A veces eres tan elocuente como la mismísima Santa Teresa de Jesús. Mas tu elocuencia, como la de la Santa de las Epístolas, está reñida con la verdad y con la lógica.

Del tono general de tu epístola también deduzco que tienes deseos inmensos de preguntarme si creo en Dios. Asumiré que me has hecho la pregunta y veremos si con una ligera explicación del origen y fundamento de la idea de Dios, puedo ganar tu confianza y convencerte de lo pueril que son tus creencias en este respecto.

Negar rotundamente a Dios es incurrir, aunque a la inversa, en el error de los creyentes fervorosos, que afirman a pie juntillas su existencia. Mas, si estudiamos aunque sea superficialmente el concepto de Dios entre las diferentes razas, desde las tribus más inferiores, podemos asegurar con argumentos más razonados que aquellos expuestos por los eclesiásticos, que Dios nunca ha existido fuera de la imaginación y del aletargamiento mental de nuestra especie. Contrario a la común creencia, aún hay tribus en Ceylán y en Tierra de Fuego, por mencionar sólo dos lugares, que nunca han oído ni comprendido la idea de Dios. Pueblos como éstos, que no pueden contar más allá del número tres no les es posible pensar en ideas más abstractas ni concebir un ser como la fuerza creadora del mar, el sol, y las estrellas. Pero si subimos un poco más en la escala evolutiva de la humanidad, encontramos tres fuentes, las que amalgamándose y a veces confundiéndose entre sí, han dado origen a nuestro más debatido e innecesario concepto: Dios.

En primer lugar encontramos tribus algo más avanzadas, aplicándoles cualidades superiores a la sombra. ¿Qué sino algo sobrenatural y poderoso era para ellos esta copia exacta de la figura que les seguía por todas partes? ¿Qué sino algo misterioso recóndito era este retrato que se reflejaba temblante e interrogativo en las aguas cristalinas, al inclinarse sudorosos para apagar la sed? Esta sombra estaba allí siempre con ellos. El sol, la luna, los planetas todos estaban demasiado distantes para llamar tan obstinadamente la atención. De noche, al acostarse, esta sombra divaga haciendo mal y bien, de acuerdo con las inclinaciones de aquellos que dormían. Así, había que guardarse durante la noche de estas miles de sombras de vivos y muertos dispersos y emboscados en las extrañas de la oscuridad. Y estas tribus deificaron la sombra. Y esa sombra fue su Dios.

Otras tribus más elevadas empezaron a deificar a sus jefes ya muertos. Caciques valerosos en vida conservaban el mismo valor y rango cuando muertos. A medida que el tiempo pasaba, la tradición y la leyenda aumentaban sus proezas, llegando a veces a ser elevados a la categoría de dioses. Y éstos fueron los dioses de los antiguos imperios. Nada de particular tiene que de ahí parta la infantil creencia de nuestros reyes y emperadores, que hasta sus últimos días se presentaban como descendientes directos de Dios.

Los miles de millones de años de marcha en las tinieblas. Las prolongadas edades de los hielos, que hicieron caminar al hombre años tras años buscando un clima más próspero, todas estas mismas creencias primitivas sobre la sombra y los antecesores fue herencia trasmitida a otros hombres de más agudo entendimiento.

El primitivo temió al trueno y se asombró cuando al choque de dos nubes cargadas de electricidad, se abrían los cielos como cercenados por una espada gigantesca e infinita. Y nada más fácil que atribuir a un dios las cosas que no podemos explicarnos. Así el sol, la luna, el mar; en suma, todo lo que aquellos primeros hombres no supieron explicarse se les atribuyó un creador supremo y poderoso.

A medida que estos grupos de hombres primitivos progresaban, convirtiéndose en pequeños pueblos, se necesitó de la agricultura y de la cría de ganado. Aumentaron a su vez los odios e intereses entre cada pueblo. Nada más razonable que se creara un sinnúmero de diosas y dioses de la tierra, de la lluvia, de la guerra y de los miles de intereses personales y colectivos.

Pero hacía falta un grupo que reglamentara y se hiciese cargo del ya considerable número de estas personas . . . Nos es difícil llegar a la conclusión de que la idea de Dios no es una revelación divina, sobrenatural y creadora sino un concepto innecesario y contraproducente que sirve de excusa para todas las cosas no sabidas ni entendidas por nosotros. Dios creció en nuestro cerebro en proporción directa a nuestra falta de conocimiento, y desaparecerá completamente a medida que nos adelantemos por el camino del estudio.

Pericles

Cartas inmorales a mi novia

Carta número cuatro

Amada mía: Tu última carta ha sido una gran sorpresa para mí. Me dices que después de leer mi contestación a la tuya en la cual te hablaba de Dios, has empezado a dudar. Veo que vamos progresando, aunque temas que en este progreso podamos perder "el sentimiento moral".

Te juro que no comprendo qué es lo que tú entiendes por sentimiento moral. Interpretándote, lo mejor que pueda quizás olvidando lo que quieres decir con esta frase, veremos si tienes o no razón en usarla y en sugerirme que no pierda nada de ella. Lo que a mi ver quieres decir es que hay como un código de costumbres y maneras idénticas, a veces impuestas y a veces sólo aceptadas en principio, por el cual debe regirse todo individuo si desea ser moral. Si es eso lo que quieres decir he de manifestarte que entonces yo soy el hombre más inmoral del universo. Querrás saber por qué y allá voy a explicártelo.

Primeramente creo que todos estos asuntos sobre costumbre, e inclinaciones emotivas son puramente individuales y, siempre que su práctica, cualquiera que ésta sea, no perjudique a otro semejante, todo el mundo tiene el derecho de actuar en este campo como realmente le parezca.

Este "sentimiento moral" es además la causa de tanta hipocresía, de tanta mentira y de que la mujer y el hombre, en sus relaciones amorosas no sean más ingenuos, más inocentes, y menos maliciosos. Querer imponer un código moral a todo el mundo sería imposible. Las nuevas instituciones, las nuevas relaciones de los sexos, al igual que las nuevas posiciones económicas, y el avance y evolución de todas las ideas hacia el futuro, lo impedirán siempre así. La moral no es cuestión de emanación divina sino de evolución humana; que no es una ley incambiable, uniforme y sacrosanta, sino una ley social, multiforme adaptada al siglo y al país, a la época y al modo de pensar de los millares de pueblos que habitan nuestra tierra.

Los datos probados sin lugar a duda, en los estudios hechos entre los rectos de las diferentes razas, que aún existen, son bastante para negar el origen divino de la moral.

Si no fuera porque sería demasiado largo te escribiría cientos de inocentes creencias y decenas de muy respetados "códigos morales", que sólo sirven para probar la inutilidad de todas estas reglas y para destrozar la cristiana superstición de que sin ellas el hogar se destruiría y el vicio y el crimen serían los dueños y señores de la vida.

El estudio de las diversas instituciones en las diversas partes y tiempos del mundo enseñan que todo lo que hoy conceptuamos como lo más moral ha sido inmoral en cierto tiempo y viceversa.

Reflexiona un momento sobre la idea del pecado. Al que se le ocurrió la idea del pecado inventó uno de los instrumentos que ha causado más miedos y sufrimientos. Me es imposible concebir cómo es que los que se llaman cristianos pueden reconciliar la idea de Cristo, hombre toda bondad, con la idea de Cristo, Dios toda venganza, condenación e infierno. "Las calderas del infierno" y "la furia de Dios" son fuetes con que los explotadores han sabido no sólo echar panzas sino atormentar a sus inocentes prosélitos.

El infierno de los cristianos es sólo un efecto del pecado. En China, hasta hace poco, todos los familiares, del sexo masculino de un pecador eran responsables. A falta de infierno y la inquisición católica los pueblos paganos apagaban la ira de sus dioses con el sacrificio de miles de seres entre los que a veces para complacer el buen gusto de los habitantes de los cielos, habían de incluirse hijas de reyes y docenas de vírgenes.

El crecimiento asombroso de las ideas agnósticas y la actitud general, no les permitirían actuar como en sus tiempos de absoluto dominio. Te he escrito mucho sobre una cosa como ésta tan seca, aunque tan importante. Si al contestarme me escribes que has aprendido algo que no sabías consideraré que no han sido vanos mis esfuerzos.

Pericles

Cartas inmorales a mi novia

Carta número cinco

Mi querida única:

Recibí tu retrato. Eres en él lo que siempre has sido: simple, inocente, sublimemente bella. Recibí tu carta. Escribes como siempre has escrito: interrogando, aconsejando, mas para aconsejar es preciso haber estudiado y meditado sobre aquéllo que queremos aconsejar.

Tal parece, según puedo deducir de lo que escribes, que todo lo que hay en las primeras semanas de vida matrimonial es besarse y abrazarse a la luz de la luna, al borde de los lagos, y dar largos paseos a la caída de la tarde por los largos caminos desiertos, oyendo como los ruiseñores interpretan en sus trinos nuestras tiernas declaraciones de amor. Dispensa, queridísima, si te sacudo, aunque imaginariamente desde esta ciudad lejana, y hago que despiertes a las realidades del ambiente. Si te casas conmigo vendrás a vivir a esta ciudad. Aquí todo es máquina, ruido, ambición, dinero. No hay tiempo para ensueños. Todo es dando y dando. Prisa, trabajo, mucho trabajo. Así es que, mal que me guste, es mi deber escribirte lo que haremos nosotros aquí en nuestras primeras semanas de casados. Será muy diferente de la manera tan idílica e inocente que tú describes en tu carta última.

Antes de todo, se busca un cuarto fornido. En esto hay que tener especial cuidado. Hay que buscarlo en familia buena y ordenada; pues es muy fácil para aquél que no tiene experiencia ni conocimiento de Nueva York, pagar por vivir en verdaderos antros de alambiqueros y jugadores de profesión. Me figuro que tú estarías pensando en que vendrías a vivir desde el primer instante en tu propio apartamento, amueblado con juegos profusos de sala, cuarto y comedor, con alfombras y cuadros por doquiera; pianolas y victrolas y demás ornamentos que los espíritus superficiales y tontos acostumbran codiciar y poseer. Gustándome todas estas cosas como a todo mortal, no dejo de comprender que uno de los mayores errores de los recién casados es meterse en todas estas deudas para empezar a gozar los frutos de una nueva vida. El que desee todos estos ornamentos en Nueva York puede tenerlos. Esta es la ciudad donde más se compra al fiado. Ahora bien, ¿opinas tú que es juicioso para un nuevo matrimonio el comenzar su vida con una deuda de cuatro o quinientos pesos, cuando menos a las espaldas? ¿Deseas que te molesten a todas las horas con un continuo tocar de cobradores a la puerta de tu nuevo hogar? Ésas no son sino dos de las tantas y tantas objeciones por las cuales creo que es mucho más juicioso empezar por vivir en un cuarto fornido. Puedo añadir que lo fiado es siempre cuatro y cinco veces más caro que lo comprado al contado; y que el que empieza el matrimonio abrumado por deudas, es raro que pierda la costumbre y que no esté siempre debiéndole a alguien. Verás pues que si tomamos un cuarto en lugar de un apartamento, si trabajamos y economizamos podremos tener después de meses nuestro apartamento, si no con tanto lujo, con muebles mucho más baratos y mejores que los que por lo común se venden en los establecimientos de crédito.

Otra cosa de mucha importancia: después de las primeras dos o tres semanas, cuando ya sepas viajar en el tren subterráneo, es necesario buscar un sitio donde puedas trabajar y ayudarme para la realización de nuestros sueños. Aquí tanto trabaja la mujer como el hombre. A más de ser ya una antigua costumbre de la mujer americana, es una necesidad a la que nos ha llevado el sistema industrial presente con la imposición de ridículos salarios para el hombre. Esto es una larga y penosa historia que mejor es que ni te la cuente, pero queda dicho desde ahora, que tendrás que trabajar, porque aunque el hombre gane lo que gane, en este país siempre el salario es demasiado pequeño para los gastos a que estamos sujetos. Además, si así no fuese, yo no veo la razón que impida a una muchacha joven y saludable, sin niños que atender, a salir y buscarse un dólar de una manera honrada. Así la mujer sabrá mejor lo que cuesta ganarse el pan.

Toda mujer debe aprender a trabajar fuera del hogar, aunque no lo necesite. Ninguna mujer sabe cuando se le va a morir su marido. No hay cosa más triste que observar una de estas infortunadas que han perdido a su esposo, caminando maltratadas, ultrajadas, quizás con un niño en los brazos, sin saber cómo buscarse un pedazo de pan por sus propios esfuerzos porque han estado acostumbradas a que todo se lo den y se lo sirvan. Las jóvenes a veces se deciden por el vicio; las otras quizás sin amor a un hombre, tienen que arrimarse a él para que las sigan manteniendo, vendiendo así no sólo su cuerpo sino su misma alma.

Te parecerán extraños y hasta algo rudos estos párrafos. Viviendo como vives en un país donde la mujer rara vez trabaja afuera, no podrás comprender en todo lo que ello significa la necesidad que hay aquí de trabajar.

Si hubiese rudeza en estas líneas no es nada más que la que le presta la realidad y mi declarada resolución de decirte toda la verdad en estas cartas. ¿Habrá tiempo para besarnos? ¡Qué si habrá tiempo!

Cuando el amor es eterno siempre hay tiempo para amar.

Y si ahora que somos los dos jóvenes sabemos aprovechar nuestro tiempo podremos en el ocaso de nuestras vidas, retirarnos a aquella nuestra tierra donde todo es luz y colorido, paz y tranquilidad.

Te quiere,
        Pericles

Cuento para niños de uno a ochenta años

¡Las cucarachas! ¡Oh las cucarachas! Cuidado que me tenían loco las cucarachas de mi cocina. Eran un continuo "trouble" en todo mi apartamento. Pero por fin, ¡oh por fin!, he encontrado un remedio santo para exterminarlas por completo.

Traté el "black flag". Muchas caían, como caen los "latinos" que se las echan de esquimales saliendo sin sobretodo, sin ropa gruesa y sin ningún abrigo en tiempo de invierno. Mas veía que el "black flag", además de la inconveniencia de ser casi asfixiante, no mataba a las cucarachas, al menos que no las cogiéramos por las paticas y se las echáramos a boca de jarro. Compré "flit". Noté que muchas morían como se mueren muchos de los "Spanish" la noche del sábado, cuando se complacen en tomar las soluciones de yodo que en el barrio se vende como cañita de "high class". También noté que otras muchas se bebían el "flit" descaradamente, dormían unos segundos tambaleándose un poco, seguían caminando como "chévere" para la cueva más cercana.

Lector, como te he dicho, después de haber probado los remedios más conocidos para combatir tales alimañas, tuve que empezar a ver cómo podía terminar con ellas, pues realmente me querían comer. Se me ocurrió una gran idea. Fui a uno de los pocitos de la 112 y compré un galón de la dinamita que por allí venden, como "white horse" importado, y demás está decir que fue un exitazo. Fui a la cocina, como a las doce de la noche cogí una cuchara con los dedos y con un diminuto cuentagotas, le dejaba caer unas gotitas en la garganta de los animalitos y . . . pobres cucarachas. Pero esta manera de matarlas me tomaba mucho tiempo. ¡Eran tantas y tantas! También había la dificultad de que me encontraba con casos endurecidos de alcoholismo consuetudinario que necesitaban una cañita de más potencia venenosa.

Una noche, una de esas muchas en que no podía dormir, me levanté y fastidiado fui a sentarme en el comedero donde, para atraer el sueño, llevé conmigo *El Príncipe* de Maquiavelo. Al abrirlo en uno de sus más releídos y famosos pasajes, cual no sería mi sorpresa y repugnancia al encontrar una delgada y enclenque cucarachita. Mi sorpresa se convirtió en maravilla, cuando el animalito al verse descubierto por la luz de la lámpara, se tornó hacia mí y en el inglés más correcto me dijo:

—¿Qué cree usted de Maquiavelo y sus ideas políticas?

Te digo lector que me quedé desconflautado. ¡Una cucaracha que habla de política, de opiniones, de ideales . . . Como un relámpago, vino a mi mente la solución al problema de cómo terminar con las cucarachas. Hablé con la cucarachita política por largo tiempo. Me enteré de todas las instituciones y de todos sus vicios sociales. De lo pobre de su sistema y maneras organizativas; de sus divisiones, partidos y castas. Embebecido la oía, madurando a la vez mi plan de ataque.

Cuando hubo terminado la cucarachita de hablar, me tocó hacerlo a mí. Me le presenté como un gran sabio. Le hablé doctoralmente de las grandes cualidades de la raza humana y en particular de la "latina". La hablé diplomáticamente sobre la inferioridad del alma de la cucaracha. El pobrecito animal, humillado, se acercó a mi oído y me dijo:

—¿Y qué podemos hacer nosotras para mejorar nuestras instituciones?

Exactamente la pregunta que esperaba. Para acomodarla más, para que oyera mi consejo, le puse al lado varios granitos de azúcar; pues es sabido que a todo político de profesión le gusta esta comida; y, entonces la dije:

—Para terminar con todas esas tonterías te aconsejo que fundes una sociedad que se llame "Confraternidad de todas las Cucarachas de América". Así todas estas disensiones entre cucarachas de chinero, de lata, de pan, de estufa y de basurero desaparecerán. Esta confraternidad aquilatará el valor de vuestra raza sin diferencia de sitio o de clase.

Como era de esperar, todo fueron peros e inconveniencias. Mas yo sabía que esta idea no iba a ser puesta al pie de la letra. Yo sabía que de acuerdo con el título de la sociedad, iba a pasar entre las cucarachas lo que pasa entre los hombres, es decir, que hacemos de las ideas caricaturas y mitos.

Con otro esfuerzo mental convencí a la cucarachita del valor de la
Confraternidad cucarachera. Corrió ésta a donde sus amigas aristocráticas, quienes finalmente adoptaron una constitución establecido las bases de la Confederación Cucarachera Americana, abarcando
a las que residían en el chinero. Pero lo que también esperaba, querido lector, varias de las otras cucarachas aristocráticas que no pudieron
obtener puestos en la sociedad creada, fundaron otras. Se insultaban,
se amenazaban, se ridiculizaban no sólo en su linaje cucarachil, sino
en la idea general de sus organizaciones.

Una noche las cucarachas del safacón y de la estufa atacaron a las
que residían en el pan, acabando con ellas. Pasaron algunas semanas y
ansioso de saber lo que ocurría entre la política cucarachera fui a ver a
mi amiga la cucaracha del chinero. La encontré agonizante entre un
grupo de amigas. Me contó las hazañas y ocurrencias de los últimos días
y de los últimos motines. Me dijo de cómo se habían matado entre ellas
mismas por causa de la política, del orgullo, la envidia y la hipocresía.
Al terminar su relato, anatematizando a los hombres y a sus instituciones, se retorció sobre sí misma y cayó para no levantarse jamás.

Así fue el morir de la última cucaracha de mi apartamento, cuando se me ocurrió aconsejarla que imitara a los seres humanos.

Jesús Colón

¿Quiénes son los judíos?

Viviendo en un barrio que no ha mucho era habitado casi en su totalidad por personas de la raza hebrea y estando, como estamos, siempre envueltos en relaciones más o menos amigables con los semitas, es bueno que estudiemos siquiera por un momento, desde un imparcial punto de vista, esta raza activa e industriosa.

Primero que todo, hay que desechar de una vez y para siempre la leyenda de que los judíos crucificaron a Jesucristo. Esta ha sido una de las grandes mentiras históricas que más sufrimiento, persecución y crimen han traído sobre una inmensa parte de la humanidad. Hábilmente inventada y propagada con cristiana asiduidad sirvió al principio de nuestra era para vilipendiar y negar los más simples derechos de ciudadanos a la raza hebrea. En la Edad Media, cuando la conversión de Constantino era ya historia antigua, la Iglesia era todopoderosa, esta mentira enorme sirvió otra vez para insultar, escupir, quemar y apropiarse inquisitorialmente de los bienes y derechos de la raza más perseguida y odiada por la masa que gusta de las ideas hechas y las deducciones preconcebidas. Si individuos de esta misma masa se ocuparan de leer cualquier superficial ensayo sobre leyes hebreas, se informaría, con el menor esfuerzo, de que la muerte por crucificación nunca fue usada por los judíos. Si por ventura quieran hacer un poco más de esfuerzo mental, podrían leer la historia escrita por Josefo, uno de los hombres que tuvieron la fortuna de vivir en aquellos mismos tiempos y que no hace mención siquiera del tan debatido incidente de la muerte de Jesús.

Los primeros años de la historia de este pueblo está envuelta en hechos legendarios: inmensas emigraciones desde el Egipto a Palestina, mares que se abren como abanicos gigantescos para dejar pasar la tribu predilecta. Todo esto, mirado a la luz de la Nueva Historia, es como el famoso crimen puesto a las espaldas de la raza judía: una serie de concepciones infantiles, quizás bellamente expresadas, pero que no tienen ningún valor como historia. Sabemos hoy, sin embargo, por excavaciones hechos en la isla de Creta que hubo una antigua civilización en aquella isla, y que al ser destruida por los bárbaros del norte, padres de los antiguos griegos, gran parte de los habitantes de

Creta marchó hacia el Asia Menor donde ayudaron a civilizar las numerosas tribus semitas que bajaron posteriormente del Líbano a habitar los fértiles valles fronterizos a la Arabia y el Egipto.

En la Edad Antigua esta raza activa y trabajadora, rasgando en esquifes casi primitivos, las aguas del Mar Mediterráneo, empezó su vida de comercio llevando y esparciendo por doquiera los fundamentos de futuras civilizaciones. Produciendo hombres como Moisés, Samuel, y Salomón, y mujeres como Débora, Judit y Atalia, supieron también tener ideas que han servido de base para religiones casi eternas y centenarios sistemas filosóficos. Después de la destrucción de Jerusalén y la captividad en Babilonia, este infortunado pueblo tuvo que sobrellevar pacientemente los yugos de Persia, Grecia y Roma antes de desaparecer, si no como raza, por lo menos como país. Ya hacia el siglo décimo, protegidos y disfrutando de todos sus derechos en el extenso imperio que tuvieron los prosélitos de Mahoma, el judío se sintió casi feliz en la Edad de Oro de los hebreos. Se desarrolló como por encanto dentro de ellos el amor a las letras, a las ciencias y a las artes. El gusto estético moro, ese que produjo la Alhambra y la Catedral de Córdoba contagió a los hebreos.

II

No duró mucho la felicidad que durante el reino de los moros disfrutaban los judíos. Con la conquista de Granada y Andalucía en los últimos años del siglo quince; con el establecimiento de la Inquisición y el gobierno absoluto de los cristianos, desaparecieron como por encanto todas las prerrogativas que gozaba la raza hebrea entre los musulmanes; volviendo ésta otra vez a su estado de paria. La organización feudal de la sociedad durante la Edad Media no dio personalidad social a los hebreos. No podían ser caballeros, pues les estaba vedado el uso de las armas; tampoco podían ser siervos, pues hasta el cultivo de la tierra les estaba prohibido.

Mas los prejuicios y creencias religiosas de aquella sociedad vinieron en su ayuda. El Viejo Testamento prohíbe e impone castigos a toda persona que acepte interés por dinero prestado, y como las almas religiosas de aquellos tiempos consideraban al judío condenado a las torturas del infierno desde su nacimiento, les fue muy natural a todos ellos, que los semitas se ocuparan de proporcionar a los grandes señores todo el dinero necesario para sus fiestas semibárbaras y sus cruzadas fanáticas. Todo, por supuesto, a cambio de poderosos intereses.

Así fue que volvió a aumentar la riqueza de la raza judía. Su sangre de raza despreciada empezó misteriosamente a correr por las venas hasta de las familias más nobles y distinguidas. "Poderoso caballero es Don Dinero".

Un rey portugués del siglo dieciocho quiso parar esta mezcla de sangre azul y judaica, y ordenó a Pombal, su jefe de gobierno, que todos los de raza hebrea fueran obligados a usar una gorra amarilla. Se cuenta que al otro día este célebre estadista se presentó a palacio con tres bellísimas gorras amarillas. Al preguntar el rey, asombrado, para quienes eran las gorras, él contestó sin inmutarse: una es para Su Majestad, otra para el Gran Inquisidor, y la otra es para mí.

Aún con todas estas cosas el fanatismo religioso, la envidia de los vagos, y la avaricia de los inquisidores hacían que esta raza fuese perseguida y robada sin cesar. Matanzas colectivas de miles de semitas en medio de las plazas, eran ocurrencias comunes.

La primera cruzada dio lugar a una horrible carnicería semita en todos los países de Europa. En Alemania se les perseguía como si fuesen perros con rabia. Francia pagó la gran deuda que tenía con muchos de los judíos más ricos, matándolos a casi todos. Les impuso además un traje distintivo, como emblema de desgracia y de desprecio. En el año 1267 el concilio de Viena les impuso el uso de un sombrero ridículo y risible. En el año 1286, Inglaterra expulsó a todos los judíos de su territorio, apropiándose de todas sus riquezas, y dejándoles nada más que el dinero necesario para sus pasajes. Francia hizo lo mismo por segunda vez en el año 1394. En el año 1420 todos los judíos en Austria fueron puestos en las cárceles del imperio.

Mas el espíritu industrial y la actividad comercial de esta raza fue, poco a poco, haciéndose necesario para estos mismos países de los cuales los hebreos fueron expulsados. Cromwell los dejó entrar a Inglaterra; Austria pasó leyes abriéndoles el camino.

Finalmente, se descubrió América, y los judíos empezaron a poblar el nuevo continente desde los primeros años. La revolución francesa, fuente de tantas libertades, hizo milagros en la liberalización de los semitas.

En los Estados Unidos los judíos han llegado a un desarrollo jamás alcanzado en su historia de persecuciones y miserias. Desde la guerra de la independencia han estado ayudando al progreso y desenvolvimiento de esta república.

Se nos ocurren millares de nombres distinguidos en las artes y en las letras y en la alta banca, que dejaría sin lugar a dudas la fuerza creadora y acumuladora de los hijos de Israel. Tienen los hebreos hoy poetas como Arthur Guiterman, humoristas como Franklin P. Adams, publicistas como E.H. Julius, críticos como el Dr. Isaac Goldberg, autoridad en las letras hispanoamericanas; compositores de canciones populares de la simpatía y maravillosa productividad de Irving Berlin; y jueces como Louis D. Brandeis, honra y prez de la judicatura.

Son muchos también los judíos universalmente conocidos y admirados. Comenzando por ese sagrado símbolo a quien llamamos Jesús, la historia de la cultura humana está llena de nombres de célebres hebreos, Meaimónides, Zpinoza, Disraeli, Georg Brandes, Sarah Bernhardt, Carlos Marx, y Federico Engels son judíos, sin los cuales el mundo de las ideas modernas hubiese sido muy distinto de lo que es. Aún viven hoy hebreos como Alberto Einstein, célebre autor de la teoría de la relatividad, Lord Reading, Virrey de la India, Arturo Schnitzler, el famoso dramaturgo austriaco y otros tantos nombres célebres de los que cualquier raza podría estar más que orgullosa.

El judío es uno de los elementos de más importancia en la vida de esta ciudad y de esta nación. Acostumbrados a hacer gala de nuestras emociones un tanto volcánicas, no meditamos ni estudiamos el pasado de esta raza con la cual convivimos. Nos ocupamos demasiado de los disturbios ocasionados por los elementos bajos de las dos razas, mientras que no estudiamos las actividades e instituciones judías.

Los hispanos que residimos en Harlem no debemos de ninguna manera contribuir a crear más discordia y aumentar odios legendarios que a nada han conducido; despreciando a la raza hebrea cuya historia, a pesar de las injusticias sociales, es sin embargo tan brillante. Al contrario, nosotros que también hemos sido una raza viril, grande y enérgica tenemos el deber de entendernos y de eliminar cuanto tienda a crear asperezas en nuestras hoy obligadas relaciones por circunstancias de lugar y de ambiente.

De la universidad de la vida

La vida es la eterna Universidad. La parte de nuestra existencia donde nos encontramos como solos, como cogidos en el remolino de las fuerzas casi inexplicables de la civilización en que vivimos, contiene en su currículum de miserias, injusticias y de sublimes idealismos, los más acabados cursos pos-universitarios.

Vivir luchando es vivir aprendiendo y olvidando que a veces es una manera de aprender. Manera dolorosa, como una desilusión, como una partida, como un adiós. Día triste a la vez que luminoso para nosotros cuando vemos la inaptabilidad de nuestros carcomidos conocimientos adquiridos en la educación oficial a la realidad de la lucha por la vida. He ahí donde empieza nuestra asistencia a la eterna universidad. ¡Y cuánto deploremos no habernos matriculado antes en ella! ¡Y cuánto lloramos las horas perdidas en largas conjugaciones latinas en inacabables memorizaciones inútiles, en análisis de salvajes principios político-económicos y medievales sociologías! Todos los que creen que la educación termina con un diploma, más o menos se encuentran en sus lecturas y especulaciones con esta portentosa realidad. Los conformistas se contentan engañándose a sí mismos creyéndose cultos y educados; terminando sus vidas anclados en la quieta laguna de las verdades muertas. Tras de un mostrador o de un escritorio cualquiera pasan sus años revolviendo en el hueco de sus alas caídas, y buscándose entre domingos para dar gracias a Dios por estar vivos y recitar con mecánicos gestos alguna que otra estrofa de Quintana.

Los que no sabemos cómo seguir viviendo en el casco de creencias que sólo existen ya en sus atávicas exterioridades, anatematizamos en frases rojas de cólera los prejuicios, tradiciones y supersticiones de los hombres del presente. Y somos anatematizados a su vez por los abuelos que no quieren oír ni comprender. Tildados de locos somos por las ancianas cabezas que nos consideran como jóvenes potros apasionados momentáneamente por el hervor primero de sus arterias jóvenes. Y mientras las calvas brillosas se dignan en mirar compasivamente a los niños rebeldes, seguros de que son fugitivos de algún infernal asilo de lunáticos, éstos siguen con paso lento, pero seguro, las nuevas interpretaciones, vanguardia de una mañana basado en principios menos rimbombantes, menos "cristianos", pero más justos, más bellos, más humanos. Es la hora de las definiciones. De las definiciones de los individuos. O con el César o con el Pueblo. O con un presente neutro en ideas y positivo en sensaciones estomacales, o con un futuro científicamente idealista. La neutralidad es la oriflama de la mediocridad y del miedo. La lucha es el requisito de entrada a la Universidad de la Vida. No podemos seguir viviendo en una civilización de rascacielos, de radios y teléfonos con una mente de barón feudal ignorante y engreído.

Materialmente hemos caminado como calzados en las botas aladas de los cuentos infantiles; espiritualmente parece que usamos como medio de locomoción el burro testarudo del pobre Sancho Panza. Influenciados a diario por el ambiente distinto al de hace doscientos años, seguimos creyendo y viviendo la vida mental de aquellos tiempos. Los mismos ridículos principios morales, las mismas reglas de arte pálido que vive por y para él; las mismas teorías político-económicas, base de bárbaras ansias adquisitivas llevadas a la hipérbole, sembradores de desigualdades innecesarias, restringidoras de la posesión colectiva del hombre, cuando vivimos de la producción colectiva del mismo. Las mismas supersticiones y prejuicios religiosos que, como aguas estancadas, nublan con el vaho de sus vapores descompuestos, cualquier rayo de luz salido de la antorcha de nuevos descubrimientos.

¿Y nuestra juventud, qué hace? Hemos hablado de los conformistas. ¿Y los demás, dónde están?

Los que hasta cierto punto se han dado cuenta de que hay que reconstruir para asegurar un grato porvenir. Unos, los más, se tiran en sus ansias de victorias prematuras sin la debida preparación intelectual y sin estudiar el campo enemigo. A la educación oficial nada añaden de una educación propia que les habilite para conocer lo que, por cuidado de los intereses creados no nos enseñen en las escuelas y universidades oficiales. Abundan entre éstos los apasionados superficiales. Los de los gestos napoleónicos y las declaraciones sensacionales. Éstos, por lo general, se someten a la vida vulgarota y acomodaticia del siervo esclarecido. Otros hacen un bulto de su honor y cual el Stengard de Ibsen, se paran en las encrucijadas del camino esperando que pase el amo del momento para agasajarlo. Son modernos "carpet baggers" de todos los triunfantes movimientos. Propagar y alentar una nueva idea mientras ésta no es generalmente aceptada y reconocida, es para ellos la apoteosis del ridículo. Estar presentes pletóricos de largos panegíricos en cuanto ésta triunfa, esa es su táctica. Y hay quien les crea y los elija en líderes . . .

Pero hay otros. Los otros. Los únicos. Los grandes misteriosos. Los excelsos desconocidos. Los que en el silencio de las horas sistematizan y educan sus fuerzas mentales mientras asisten a la gran Universidad de la Vida. Hombres de carácter, dotados de la clarividencia de los profetas: hombres que saben robar a los libros la experiencia y los secretos de las verdades eternas y supremas. Son éstos los que elevan su verbo y su pluma sobre todo reinante oportunismo, hacen de la causa de los oprimidos su única causa; la guerra al pasado de cadenas, su única y digna guerra.

Paso a los desenmascarados del pasado, a los investigadores del presente, a los planeadores del futuro; a los que en la Universidad de la Vida han caldeado su pensamiento y descubierto la verdad.

¡Ellos son el principio del mañana!

Jesús Colón

Valores literarios

La superficialidad aplastante de la generación moderna de escritores puertorriqueños, la creciente tendencia en aquella isla de yanquizar el periodismo y la literatura, escribiendo cuentos insulsos modelo "Satuday Eveaning Post", e importando las boberías literarias de Dorothy Dix y del anciano Frank Crane, me han hecho quizá de una manera indirecta, escribir estas líneas. Ellas tratarán de dar a conocer al público hispano americano amante de las letras, de que en Puerto Rico se escribe algo más que versos disparatados y crónicas sociales.

A España y a Francia no hay que enterarlas, Europa, o sea París oyó y conoció hace ya tiempo a Pedro Juvenal Rosa. La personalidad literaria de este joven escritor portorriqueño, tan maduro y extenso en ideas, ha regado ya sus primeros frutos en las principales capitales del viejo continente.

El notable profesor y conocido psicólogo Barnes, nos decía hace poco en una de sus tan interesantes conferencias, que lo que nace pino sigue siendo pino y lo que nace roble, como roble vive. No importa cuántos esfuerzos la educación moderna hiciese para borrar las diferencias intrínsecas entre cada cerebro, las cualidades impresas en cada hombre al nacer, seguirán siendo las mismas. Sean o no discutibles las conclusiones de este conocido catedrático, lo cierto es que Juvenal Rosa nació con todos los atributos del roble. Más aún: él ha ahondado y pulido esta sublime distinción conque la Naturaleza ha querido honrarle, siendo esto quizás una de las mayores diferencias entre él y otros muchos talentos naturales, que se han contentado con dejar rudos y opacos los preciados diamantes que la suprema fuerza universal les dio como cerebros.

Cuando conocí a Juvenal Rosa, hace ya más de quince años, él era un adolecente casi imberbe, robusto y de faz rosada como uno de los ángeles de Rafael. Su dicción y gestos catedráticos, su maravillosa memoria, y sus chispazos de originalidad, ya se notaban desde entonces. Vino a Estados Unidos. Después de graduarse de una de las mejores escuelas secundarias del estado de Pensilvania, marchó hacia el oeste donde sus esfuerzos fueron premiados con el título de

Bachiller en Artes de la universidad de más reputación en California. Mientras tanto, Juvenal Rosa no se conformaba con la lectura de los libros de texto del colegio. Habiendo sido siempre un voraz lector y pensador no es de extrañarse que sólo después de graduarse de enseñanza secundaria, diera a la luz su primer libro, "La educación filosóficamente considerada", libro que nos revela un largo y paciente estudio de la humanidad.

Cuando hubo regresado a Nueva York, ingresó en la Universidad de Columbia, en donde obtuvo el grado de Bachiller en Leyes. Mientras estudiaba derecho, nuestro joven letrado, no desmayaba en sus estudios y lecturas individuales. Como producto de estos estudios publicó varios artículos sociológicos y políticos, en la prensa boricua y durante este período fue que apareció su segundo libro "Crímenes del imperialismo". Recuerdo aún aquellas noches cuando en su apartamento de *Morning Side* me leía en su voz de barítono las páginas inéditas de éste su libro. *Crímenes del imperialismo* era un libro candente, libro escrito con el desprecio y la más noble ira contra las atrocidades inglesas en la India y en Irlanda. Este libro, además de revelarnos un perfecto conocimiento de la filosofía de la historia y de los derechos internacionales y humanos, pone por primera vez de manifiesto en Pedro Juvenal Rosa esa rebelión mental contra el poder abusador y entronizado, esa simpatía psíquica con el débil y el oprimido, ese conocimiento intuitivo y profético del futuro de los pueblos; cualidades todas sin las cuales no se puede aspirar a ser incluido entre las grandes plumas universales y eternamente reconocidas.

Luego de haberse graduado de Columbia pasó a Europa. En París, se matriculó en la antigua y reputada Universidad de la Sorbona, donde tomó cursos adicionales en letras y en derecho. Después de viajar extensamente y conocer entre otros famosos escritores a Unamuno y a Anatole France,[1] Juvenal Rosa fijó su residencia en París y fundó *La voz latina* (hoy *L'Action Francais*), revista de altos ideales de unificación panhispana.

---

[1]Seudónimo del novelista francés Anatole Francois Thibault ganador del premio novel de literatura en el 1921. Miembro del grupo de poetas parnasianos.

Puerto Rico bien puede vanagloriarse ya de haber dado a la América y al mundo, para honra del pensamiento moderno, a un Pedro Juvenal Rosa.

Fuera de muy rarísimas excepciones la juventud literaria puerto-rriqueña no ha producido sino vacuas y bombásticas figuras. Tristes figuras ayunas de toda profunda preparación, muy poco influenciadas por movimientos culturales más importantes, aunque menos llama-tivos y sensacionales que los últimos "fads" poéticos parisienses. Aquí y allá en aquel desolador ambiente semiparroquial se han hecho esfuerzos por hablar y organizar a la minoría consciente. Martín Alva publica dos novelas: *La ciudad chismosa y culminante* y *El loco del condado.* Estas dos novelas, aunque parecen haber sido escritas a la ligera, nos revelan cualidades críticas y artísticas superiores. Sobre mi mesa de trabajo tengo el primer número de *Hostos,* una nueva revista que promete mucho. Mas, como apuntamos antes, la mayoría de los jóvenes escritores, (¿escritores?) de hoy son influenciados nada más que por las pasajeras modas literarias europeas y la perenne fuerza comercialista, niveladora, infantil que está ejerciendo el creciente importe de los artículos y cuentos sindicados norteamericanos.

Pedro Juvenal Rosa sigue siendo una de las raras excepciones en aquel medio ambiente. Esperamos ansiosos su próximo libro, *Dioses herejes,* el que será prologado por el insigne escritor y polemista Manuel Ugarte. Este libro será su consagración final.

La Flapper

Como una niña Chole que fuera neoyorquina,
rasga el aire la "flapper" contoneándose toda.
Su traje, un futurismo de la última moda,
hace mil sugerencias con su seda divina.

Que la miren los hombres mientras ella camina
es su supremo anhelo. Si hay quien le hable de boda,
contesta con alguna carcajada que poda
la ilusión más sublime. ¡Carcajada asesina!

Reina experta del último salto mortal bailable,
niña pintarrajeada, superficial, variable,
como el liberto esclavo al probar nueva vida.

Por contraste me hacen recordar a mi abuela,
que hilando me contaba del gigante que vuela,
con su voz temblorosa cual plegaria perdida.

Jesús Colón

Las familias antiguas

Tienen anacronismos las familias antiguas
que hacen mi alma plebeya reír a carcajadas,
las familias antiguas, las familias antiguas,
las de los largos nombres y venas azuladas.

Los pálidos retoños de heráldicas mansiones,
viviendo en nuestro siglo, viven edad pasada;
creense por obra y gracia de ayer y sus pasiones,
ser la selecta tribu de la humana mesnada.

Las antiguas familias de bombos y platillos
que vivían en haciendas pletorias de esclavos
cuya sangre tornaban en sedas y en anillos
y en doblones de oro para vivir de vagos.

Tras las bajas persianas de casas destruidas,
añoran el buen tiempo de total ignorancia
en que el buen don Fulano del Tal daba comidas,
al Exmo. señor Don de la real comandancia.

¡Oh aquel buen tiempo viejo, tiempo del padre cura,
tiempo de cuatro tablas y del abecedario!
Las familias antiguas, las familias antiguas,
Cuentan lo que les queda con el escapulario.

Jesús Colón

Nuestros tipitos[1]

Un tipito no es porque su mamá le dijo que era lindísimo cuando chiquitito y aún se lo sigue creyendo después de haber crecido. Un tipito es una de esas cosas que se encuentran en nuestras esquinas afeminadamente parados de seis de la tarde a ocho y media de la noche, haciendo todo el bonito cuerpo posible para no arrugar el filo de sus pantalones.

La esquina es como si dijéramos su campo de acción. Los ojos de mi imaginación, traspasan el espacio y me traen millares de ellos a éste, mi pobre estudio de libros polvorientos. Desde aquí los veo claramente, cambiando de pies, bostezando pausadamente, atildándose el cabello que terminan en dos largas patillas estilo Ricardo Cortez.

He aquí una gran parte de nuestra juventud. Si se les dijera que la vida les está pasando por encima vertiginosamente y sin ellos sentirla siquiera, no lo creerían.

¡Cómo pierden el tiempo estos tipitos! ¡Y óigale Ud. los temas de sus conversaciones! Es de lo más trivial, vulgar y necio mezclado con alguna que otra baja chirigota a lo que ellos llaman chiste. Si por ventura alguien se arriesga a introducir un tema de alguna seriedad o importancia, se mudan a la otra esquina demostrando así el interés que tienen por las cosas fundamentales de la vida.

¡Pero que no pase una mujer! A ellos [no] les importa que vaya sola o acompañada. Una lluvia de "flores" de sus bocas mal-olientes caerán como apotegma sobre el rostro de la infortunada. Es la ocasión primordial de nuestros tipitos. El dicho obsceno y la palabra sucia para ellos tiene más valor que la galantería más delicada de un gran poeta. Lo vulgar es *forte*.

El resultado es que uno tiene hoy que salir con una joven decidido a cualquier cosa. Los americanos del país, mirando como tratan a las mujeres de su misma raza, tienden a coger el ejemplo de los mismos que debieran de defenderlas.

---

[1]Primer artículo publicado en el periódico *Vida Alegre* bajo la columna titulada "Palabras al viento" (*Vida Alegre,* 28 de junio de 1931).

Estos tipitos de esquina son una verdadera calamidad. Son un problema moral; pues degradan a nuestras mujeres en vez de respetarlas. Son un problema social; pues el vago de esquina, es la fuente del futuro escalador de apartamentos *ganguista* de profesión.

Finalmente son un problema para el barrio entero pues cogerá tan mala fama nuestro sector de la ciudad que terminarán por aislarnos como a una peste.

Son muchos los que ven este problema. Nueva York tiene maneras de solucionarlo. La opinión colectiva organizada sería el primer paso.

Mas nuestros politiquitos están muy ocupados buscándose su pan, y la apatía de nuestro pueblo seguirá reinando como siempre, en nuestro medio ambiente.

Sean éstas pues, mis primeras Palabras al Viento.

¿De qué se enamoran nuestras señoritas?

No soy de los que creo en la inferioridad del sexo femenino. No existen para mi inferioridades de sexo ni de raza. Mas cuando pienso qué cualidades nuestras señoritas parecen admirar con predilección en los jóvenes que las enamoran, casi me inclino a creer con el filósofo, que las mujeres tienen el pelo largo y las ideas cortas.

Aún no he tenido la dicha de oír a una de nuestras señoritas enaltecer en un joven ninguna cualidad *de hombre*, cuando comienzan a describir su tipo ideal. La mayor parte de nuestras muchachas casaderas viven en un mundo de mal interpretado idealismo en cuanto a la idea del matrimonio se refiere. Padecen de romanticismo cinematográfico. El mito de "Cinderella" vive en ellas como una lámpara votiva alentada perennemente por el fuego de Hollywood . . . Seleccionan a sus novios basados en las superficialidades de la vida. Escogen al que será su futuro esposo porque es "guapito" porque viste muy bien; porque es un experto en los últimos pasos de baile, o porque tienen un hablar dulce y un reír angelical. ¡Como si con esas cosas se pagara la renta, se comprara la ropa y se pagara al bodeguero!

Si se hace un esfuerzo para enseñarles a razonar hablándoles cándidamente, uno es tildado al instante de práctico y materialista. Nos dicen con pasión que nunca hemos amado, y nos sueltan una definición de lo que para ellas es el amor: una enjundia lacrimosa de conceptos románticos del siglo pasado extraídas de alguna novela por entrega mixturada con frases idiotamente pronunciadas a la luz de la luna por alguno que otro galán de la pantalla.

Siempre el complejo de "Cinderella" actuando en una sublimación de la realidad.

Para estas niñas, el mundo de los recibos de gas y de casa, no existe. Para ellas, un hombre que admita la importancia y seriedad de ese mundo sobre el de los pantalones con doce botones a la cintura, es un hombre que no vale la pena de mirarse.

Así viven y mariposean de claro de luna, y de ilusión en ilusión, hasta que un día por desgracia, después de un desdichado casamiento—despiertan a la realidad de la vida. Y oyen cómo el ruido "tun-tun" de los cobradores se multiplica en sus puertas, y cómo aquél joven guapito que sabía todos los misterios de los últimos bailes no sabe protegerlas y ampararlas. El trabajo en el taller y en la casa las avejenta y las marchita, mientras aquél del dulce hablar y del delicado sonreír sigue ilusionando a otras. Entonces es cuando vienen a nosotros, los duros, los prácticos, los materialistas. Y es entonces cuando con una mirada de si-yo-lo-hubiese-sabido, nos dan la razón y se arrepienten. Mas ya es demasiado tarde. No podemos sino que añadirlas a la larga lista de aquéllas que confundieron el "debo" y "pagaré" de la vida con los cuentos de *Las Mil y una Noches.*

¡Pobres niñas que ambulan eternamente por el mundo de las superficialidades! ¡Pobres éstas mis palabras que serán sólo oídas por los ecos de los vientos!

Jesús Colón

Los gorritos de medias

Si algún hombre de dinero, puertorriqueño, organizara una fábrica de gorritos de medias, se llenaría de dinero. El gorrito de media vieja de mujer, ha venido a ser en muchos de nuestros hogares como un utensilio indispensable. Su necesidad se hace sentir aún más, a medida que la raíz etnológica negroide predomina en nuestra raigambre eminentemente híbrida.

"Latinos de Nubia", como dice Vargas Vila.[1]

No se lo que harían muchos de nuestros compatriotas que "posan" como blancos con sus "girls" americanas si no hubieran dichos gorritos. Toda la manteca salida de las fábricas de Madame Walker para el cabello demasiado reacio, no podría ocultar la nota revelatriz de su origen mixto, a no ser por esta prenda que, como un fantástico y polichinelesco corsé para la cabeza viene a terminar la obra, amalgamando la manteca y el cabello. ¡Qué intención maravillosa! ¡Lástima grande que todas las intenciones tengan siempre algún peligro para la sociedad! Como todas las invenciones, ésta también tiene su peligro. Muchos de los que se prensan el pelo y están horas bajo la presión del gorrito, parecen no percibirse de que bajo el pelo que tratan de alizar, hay un cerebro que a su vez necesita de aceite y pulimento. Todos sus esfuerzos son concentrados en el exterior de sus personas. El cerebro está dejado como un campo sin cuidado y sin cultivo. Así tenemos mucho pelo liso, y muchas ideas descalabradas. El artificio del gorrito de media y la pomada perfumadamente mantecosa, parece haber atravesado por un proceso de osmosis, el hueso que cubre la masa encefálica hasta toca la misma materia gris. No me arriesgaré a decir que este proceso se efectúa en todos los casos; pues entonces tendría yo que incluirme. Podemos asegurar, sin embargo, que si se transfiriera la tercera parte del esfuerzo que hoy se pone en alizar el cabello, puliendo y desarrollando lo que hay debajo del cabello mismo, vendría un gran cambio sobre nuestra sociedad y nuestra cultura.

Ya que otro inventó el gorrito de media para nuestro pelo, tratemos de inventar un gorrito de media para nuestro cerebro.

Jesús Colón

---

[1]José Vargas Vila (1860–1933), periodista colombiano conocido por su estilo mordaz y profético.

Nuestra apatía[1]

Una de las grandes faltas del puertorriqueño de hoy día es que casi nunca le da coraje, no se entusiasma por nada, todo lo toma como venga. Padece de una indolencia intelectual que lo ha ido sumiendo en las más grandes de las apatías. Cuando le da coraje es por una cosa valadí que muy bien pudiera haber pasado por alto. Cuando se entusiasma es porque tiene apuntado con dos centavos el número de la bolita, y han anunciado ya las primeras dos cifras que coinciden con el número que lleva. Entonces se le ve entusiasmado "ligando"[2] el tercer número. Le da coraje y arma una garata vulgar de pescozones[3] en un baile donde la gente ha ido a divertirse. Se entusiasma porque tiene la esperanza de ganar algunos dólares en un juego de azar.

Pero esos corajes y esos entusiasmos que han producido los Cristos y los Gandhis, La Revolución Francesa y la Rusa; esos corajes de los pueblos que se crispan ante el azote del tirano, o el insulto del vulgo de otro pueblo o de otra raza, parece que fue enterrado con los cuerpos de Baldorioty, de Hostos, y de otros que nos complacemos tanto en mencionar en poemas y canciones, y que tan poco imitamos en nuestra vida diaria.

La apatía por todo aquello que vale la pena nos consume. Se levanta un llamado "líder", o una de nuestras mil instituciones diciendo representar la cívica opinión de un distrito o de la colonia entera y no nos ocupamos qué timbres o derechos tienen esos "líderes" para hablar en nombre de nosotros; o esas sociedades—que a veces no pasan de garito de elementos prostituidos e ignorantes—para asumir nuestra representación. Nuestra apatía protege a esta canalla envilecida.

Invite usted para una fiesta bacanal donde corra el ron malo, y haga otra invitación la misma noche para una reunión donde se ha de deliberar sobre los problemas vitales de nuestra colonia y encontrará usted cinco veces más gente donde "está el palo"[4] que donde se está solucionando algo útil para la colectividad. Es así como el oportunis-

---

[1]Primer artículo publicado en *El Curioso*, (8 de septiembre de 1934).
[2]Estar pendiente o prestando atención.
[3]Bofetadas, golpes.
[4]El trago o la copa de licor.

mo político y social, la filosofía del "yo estoy donde me den algo" ha triunfado ayudada por la apatía de nuestra masa. Entre el sonido de una maraca, y el sonido de una palabra de admonición y de combate, la mayoría de nuestro pueblo está presta a escoger el sonido de la maraca. Parafraseemos al patriota de ayer y digamos que "los pueblos como los individuos cuando pierden el amor y respeto por las causas grandes y nobles o se degradan o se suicidan'.

¿Verdades amargas? ¿Quién dice que es mentira lo que certifican con sus actos la mayoría de la colonia? Tú lector, ¿dices que estoy en un error? Muy bien, contesta a estas preguntas. ¿Tú compras *El Curioso* el único periódico que te defiende, o esperas a que te lo regalen? ¿Perteneces tú a alguna sociedad nuestra, de costumbres nuestras, y de carácter nuestro, sin ningún injerto de mal interpretado americanismo? Te has rebelado alguna vez en el seno de tu institución cuando se ha tratado de implantar costumbres y prejuicios ajenos a nuestro temperamento? ¿Has contribuido en metálico con algún fondo que esté tratando de parar este declarado asalto a nuestras tradiciones hispánicas y a nuestra latinidad?

¿Prefieres llevar a tu señora a centros donde cae toda una directiva de rodillas al entrar una blonda prostituta americana, que a un casino de artesanos como aquéllos de tu pueblo natal donde sólo se fijaban en tu condición y el carácter de las personas? ¿Perteneciste tú por ventura (o por desgracia) a alguno de aquellos centritos "de primera", en una casa destruida frente a la placita de tu pueblo, integrado por elementos más o menos claros, pero con algunos centavos, que se divertían simiescamente jugando a una aristocracia parda? Si no perteneciste al "casino" ¿a qué viene ahora ése, tu hitlerismo criolllo, esa ambición de ser lo que tú sabes que no eres? ¿Tú te recuerdas de tu abuelita?, ¿O de la mamá de tu abuelita? Sí, por ambas partes, por el padre y por la madre, porque como tú sabes, nosotros tenemos siempre la destreza de olvidarnos de la parte más obscura de nuestra familia.

Hazte estas preguntas y cientos de otras más que se te ocurrirán si sabes contrastar la cultura yanqui y la cultura hispánica, y sabrás hasta qué punto te ha afectado el choque con la democracia norteamericana; pues por fortuna sólo es el vulgo ignorante de todos los países quien padece de estos males.

Si nunca te has hecho estas preguntas es que perteneces a esa mayoría de nuestro pueblo de la que hablaba antes: a ese noventa por ciento que sólo le da coraje por las cosas triviales; que nunca ha sido entusiasta por las grandes causas reinvincadoras, y que muere paulativamente ahogado por el más grande enemigo de nuestro pueblo: nuestra apatía.

Jesús Colón

Resoluciones para el año nuevo

Entusiásmate por algo en este año. Una persona sin entusiasmo es como una flor sin perfume, como un pájaro sin trino, como un mar sin oleajes. Una persona que no trate de llevar a cabo nada, que no piensa sino en comer, dormir y trabajar, que no tiene amigos ni enemigos, que no ríe y que no llora, que no conversa, que no visita, que no pertenece a nada; ni a un grupo de idealistas ni a uno de morones, ni a una sociedad de conspiradores, o a una de religiosos, esa es una persona sin color ni valor, ni olor. Un ente social, que pasa por la vida preguntando en su obscuridad de sapo, porque él siempre tiene la razón, y todo el mundo está equivocado. La mejor medicina para cambiar un poco esta personalidad "introverta", para salir de ese ensimismamiento y falta de lo que llamaremos "roce social", es el entusiasmarse por algo, por una causa, por una institución. Pero al decir institución no deseo crear la idea en el lector de que debe dar su cooperación y entusiasmo a las mal llamadas sociedades cívicas donde, por uno de esos fenómenos de la naturaleza, se dan cita todos los elementos seniles y vulgarotes, con un tremendo complejo de inferioridad, que quieren esconder tapándolos con diferencias decadentes y risibles en este siglo veinte. Ésas no son sociedades, ésos son cuchitriles pintaditos por fuera y una invitación siquiera es una degradación.

Une tu entusiasmo a una verdadera sociedad. A una institución donde en caso de enfermedad se te pase una dieta, donde en caso de muerte tengas tu asegurado, donde se te dicten conferencias y oigas conciertos, donde se te enseñe historia de tu partia y de tus grandes hombres, donde encuentres amistad sincera, y culto ambiente tanto en la sociedad como en el seno de los hogares de las personas que a ella pertenezcan, donde se ocupen de enseñar a leer y escribir el castellano a tus hijos, una sociedad como la Liga Puertorriqueña, por ejemplo, donde sin ridículas ínfulas de raza se admita al negro, al trigueño y al blanco, siempre que reúnan las condiciones que requiere una institución de orden, que no trate de imponer doctrinas políticas ni sociales a sus asociados.

Tenemos muchas otras agrupaciones con parecidas características, pero la falta de espacio no nos permite referirnos a ellas con la amplitud que merecen. Únete a una institución, donde se pula tu personalidad como individuo culto y como ciudadano; pero antes examina su reglamento, su ambiente, y las miras directas e indirectas que sus figuras dirigentes tengan en relación a la colonia o con sus empleos particulares. No dejes que te cojan de andamio.

Adiós, jovencito. Trata de llevar a cabo todos estos consejos. Te aseguro que serás de otra manera al terminar el año.

Jesús Colón

Invitación

Me invitó el amigo
Fulano de Tal.
A un baile "de blancos",
a un baile social
baile de primera,
la crema no más
de todo Borinquen
y su sociedad . . .
Llegamos a un cine
llamado El Cristal,
pasamos su puerta
contigua a la cual
había una escalera
con olor fatal
a "cañita"[1] mala
y a amonia animal . . .
Me paré en la puerta
a ver y observar
dónde estaba aquella
crema tropical . . .
Gente de apellido
de noble panal
de un orgullo simple
y de valor real
basado en la alcurnia
la escuela, el hablar;
de blancura de alma
blancos de verdad,
sin prejuicios tontos
como hay por allá . . .
¡Cuál fue mi sorpresa
cuando yo al mirar

---

[1]Licor doméstico de fabricación ilegal.

vi aquella ralea
color de metal!
Ralea aceitunada,
color desigual
gente ajibarada
Que al querer andar
andan de brinquito
y creen caminar
en la antigua "jalda"[2]
del barrio rural . . .
Ñames con corbata
vestidos igual
que mona vestida
con traje y con chal.
Tipos empolvados
de manera tal
que parecían negros
pintados con cal.
¿Parecían os dije?
Me entendiste mal,
pues venían de negros
qué menos que más
muchos de los "blancos"
en aquel lugar
si bien disfrutaban.
Su estirpe ancestral
con muchas pomadas,
afeites y un mar
de ungüentos olientes
a cosa infernal . . .
Pómulos brotados,
muy grueso labial,
ojos achinados,
nariz "aplastá",

---

[2]Barranca o bajada de una montaña.

color indeciso
tirando a maná,
piernas largas, flacas,
risa "alborotá",
híbrida epidermis
muy bien "empolvá,"
más que no escondía
la gran realidad
que había en sus venas
la sangre de Cam;
pobres, tristes diablos,
tratando escapar
de sus propios seres . . .
Como si engañar
a toda la gente
del globo mundial
les hiciera A ELLOS
borrar la verdad
que llevan en su alma
sin poder ahogar . . .
Pobres ignorantes
a medio educar
que a falta de prendas
de valor real
que les pongan fuera
del reino animal
escarban prejuicios
de gente brutal,
gente como ellos,
gente medioeval,
de las otras razas
que en su yo mental
sienten el complejo
de inferioridad.
Y así se dan aires
de este señorial

aunque sea la escoria
en el patrio lar . . .
Y desde la puerta
seguía mi mirar
de aquella balumba
de color astral . . .
De pronto cual tromba
salida del mar
se formó un tumulto
ruido colosal,
igual que una escena
del juicio final . . .
Hombres y mujeres
rodaban en par
aullando y gritando
con "voz" infernal.
Llovían galletazos[3]
sonaban "trompá"[4]
salía la cuchilla
presta a acuchillar,
llevándose socios
hacia el hospital,
y la directiva
un viaje a dar,
en veloz "tantana"
que voz policial
ordenó que usaran
"pa" no caminar.
Al ver el barullo
de humano volcán
de aquella muralla
tan descomunal,
no sabía si echarme
a reír o a llorar;

[3]Cachetadas.
[4]Golpe con el puño cerrado.

reír del bagazo[5]
en aquel corral
que decían que era
una sociedad:
o llorar de pena
si un continental
cree que esa gentuza
va a representar
o es la aristocracia
de mi isla natal . . .
Y no pude menos
que ir a preguntar
a mi buen amigo
si el creía en verdad
que aquello era un baile
de blancos "na más",
si es verdad la crema,
crema tropical.
Y lo más granado
de la sociedad.
Mi amigo, confuso,
hubo de callar.
¡Pobre Jorge Washington,
hombre sin igual
que ensucien tu calle
con sociedad tal!
¡Si estuvieras vivo
Mandaras a matar
a toda esa chusma
pintada con cal!

Miquis Tiquis

---

[5]Residuo o desecho de la caña de azúcar una vez que se le extrae el jugo.

Miss cívica empolvada

En mis andanzas erráticas
por el contorno vecino,
pude oír a dos simpáticas
mientras seguía mi camino
hablar con voces asmáticas
de un reinado femenino.
Sus figuras esqueléticas
se arrimaron a un latino
y ataron muy sintéticas
al bolsillo masculino
vendiendo votos, y enérgicas,
ni aún tratándole con tino . . .
Mas aquel joven hispánico,
antes de aflojar su bolsa,
y con cierto reír satánico,
les preguntó una cosa
que causó tremendo pánico,
y las puso . . . color rosa.
"Díganme, mozas 'Helénicas',
¿de qué club es el reinado?"
Y las jóvenes "edénicas"
en tono tartamudeado,
contestaron con escénica
inquietud de amedrentado:
"De la famosa Unión Cívica,
usted sabe . . . la de blancos . . . "
"¿Cívica, blancos, qué cívica?"
contestó el joven hispano,
"si yo he oído por la crítica
que allí hay que andar en zancos,
pues es tal la peste emética
que es peor que en los estancos,
y además mi voto único—
siguió el joven muy calmado—

lo compraría cuando el público
que fuera a ver el reinado
no fuera un grupo ecuménico,
sino de negros y blancos.
El centavo color índico
que llegue hasta vuestras manos
ayudará en el fatídico
dividir de los hermanos,
levantando el grupo cívico",
enemigo de los hispanos.
¡Que va negra!, digo, cívica',
—continuó el latino airado—
"ni vuestra sonrisa mística,
ni vuestro andar 'arrumbado'
ni vuestra cortesía insípida
ni vuestros labios pintados
me sacarán 'pa la cívica'
ni el más mínimo centavo".
Y yo en mi andanza errática
pensaba: Bien contestadas.
Si todos con voz enfática
contestáramos que ¡NADA!,
se acabaría el nuevo "racket"
de "Mis Cívica Empolvada"

Miquis Tiquis

"You don't understand"

Ya que no hay más sitio
donde ir a fundar
otro nuevo templo
de pentecostal,
se ha inventado el "racket"
el "racquet" social
de hacer de grupitos,
una sociedad
Se juntan tres "lijas"[1]
y empiezan a hablar
de recreo y cultura,
y de fraternidad,
de beneficencia,
y la necesidad
de hacer toda "cívica":
la comunidad.
Y los tontos nuestros
que oyen el charlar
de estos buscadores
de oro oficial,
dicen inocentes:
"Por fin se va a echar
la base concreta
de una sociedad
de estudio y cultura
y de fraternidad".
Y caen con sus pesos
para sufragar
los primeros gastos
de antro social.
Y si uno les dice:
"¿Y por qué no entrar

---

[1]Oportunistas.

a uno de los centros
que han formado ya,
con años de vida
y un récord sin par
entre la colonia
que sabe pensar?"
Entonces contestan
y mil excusas dan . . .
Que si por aquí,
que si por allá . . .
Porque está Fulano,
o porque no lo está.
Miles de evasivas,
y suelen acabar
con la frasesita:
"You dont understand"
que en buen castellano,
si es que se va a hablar,
quiere decir eso:
"Yo no deseo estar
donde todo el mundo
se trata de igual,
donde no se deja
'jaibear'[2] ni robar
y a las femeninas
hay que respetar.
Donde yo no puedo
ir allí a mandar,
y a ser presidente
y 'politiquiar'.
Y de la cantina,
ni un 'chavo'[3] entregar
donde hay cuentas claras

[2]Perder el tiempo, hacerse el tonto.
[3]Un centavo.

ni el vender de 'pintas'.
ni el dictatorial
actuar de algún Hitler . . .
Mandar y botar
aquél que se atreva
al grupo apelar.
Así se traduce el
'You don't understand'".

Miquis Tiquis

¡Aleluya!

¡Aleluya! ¡Aleluya!
¡Bendito sea el Señor!
Y la anemia sudurosa de sus cuerpos
Besaba el pavimento.
¡Aleluyaaa!
Y en la miseria de sus rostros pálidos
Leíase como una alegre fuga
De la tremenda realidad . . .
De la realidad pobre y triste,
Y monótona
De sus vidas . . .
¡Bendito sea el santo nombre del señor!
Y saltaban.
Y brincaban.
Y se abrazaban.
Y rodaban por el suelo confundidos los dos sexos
En salvaje bacanal semimística,
Y semisexual . . .
Automatones de la factoría;
Archivadores de innecesarios papeles de oficina;
Burros de carga del gran restaturant,
Pacientes trabajadores
Inocentes e ignorantes;
Inconscientes de las proféticas grandezas de su clase y de su raza:
¡Aleluya!

Jesús Colón

Poesía a Santa Claus

Viejo chivudo de botas negras,
De tez rosada como un nene,
Dime qué hiciste con los tres reyes,
Los reyes magos de mi niñez.

Viejo chivudo de sonrisita
—De sonrisita de "salesman"—
Dime que hiciste del rey Melchor,
Del rey Gaspar y Baltasar.

Viejo vestido de colorado
Cual mascarita de carnaval:
¿Es que comprendes la alegría
De estar Melchor con los demás?

Dime ¿qué hiciste con los camellos
que caminaban hacia Belén;
Del agua fresca bajo mi cama,
Donde abrevaban siempre su sed?

¿Y con la hierba verde y lozana
que yo cortaba con mano fiel
Cerca del río, cómplice amigo,
Donde bañaba mi desnudez?

¿Y las canciones, las has oído,
viejo chivudo de cinco y diez?
Canción de niños de reyes magos,
como cantábamos en el ayer:

"Llegan de noche con gran cautela,
Cuando ninguno sus pasos vela,
Y al dormitorio del niño van,
Y al dormitorio del niño van . . . "

¿Sabes lo inmenso de esas palabras;
Sabes lo hondo de ese cantar?
Tú sólo tocas la campanita;
Guilín, guilín, galán, galán.

Jesús Colón

Segundo Período

Pueblos Hispanos (1943–1944)

Liberación (1946)

El racionamiento de los alimentos

La línea parecía interminable. Más mujeres que hombres en el arremolinado zigzaguear entre mesas y sillas. Sólo un mal disfrazado disgusto de tener que estar allí, haciendo línea, llenando tantos blancos, y contestando a tanta pregunta, parecía uniforme. "¿Por qué el racionamiento? ¿Es ello necesario? ¿Es para beneficio de los adinerados o de los pobres? ¿Por qué cambiar el viejo sistema de libros y cupones por este nuevo sistema de puntos?" Ésas y otras preguntas similares se decían en una docena de acentos y tonos guturales, con el casi estruendoso ruido que hacían aquéllos que hablan, pero no quieren ser oídos.

Sin querer aparecer como un experto en esta materia, puedo asegurar que el racionamiento de los alimentos no es sólo necesario en un tiempo de guerra como en el que estamos, sino que es de mucho beneficio para aquéllos que están defendiendo el país en los diferentes frentes y para la inmensa mayoría de personas que no pueden competir en un mercado abierto y sin trabas de ninguna especie con el que le sobre dinero para abarrotar los sótanos y alacenas de sus hogares con toda clase de productos de primera necesidad.

Hay que ganar esta guerra contra el nazifascismo, dentro y fuera de los Estados Unidos y de las Naciones Unidas en general.

La comida es un instrumento de guerra como lo son los cañones. El más arriesgado piloto, el marino más intrépido o el soldado de mayor valor no podrá pelear con el mismo tesón y resistencia si le falta una variada y saludable alimentación rica en energía calorífica. Esa línea que hacemos y esos pequeños inconvenientes de los cuales nos quejamos tan marcadamente a veces, en suma, este racionamiento quiere decir que Pedro, vuestro hijo, que Juan vuestro hermano, que José, vuestro novio, que Manuel vuestro esposo, que hoy están en una trinchera en los verdes antros de Guadalcanal o en las candentes arenas de Noráfrica están recibiendo una asegurada porción de sustento y el vigor necesario para manejar un tanque o apuntar un rifle contra la bestia nazifascista.

El racionamiento quiere decir que los heroicos soldados rusos y los no menos heroicos soldados chinos y las demás fuerzas de las

Naciones Unidas que hoy luchan por salvar el grado de civilización y democracia que tenemos de las hordas del Eje, también recibirán ayuda en municiones de boca para aplastar al enemigo común.

El racionamiento hace que todos podamos adquirir los artículos por igual: tanto aquél que tiene mucho como el que posee poco dinero. Sin racionamiento o alguna clase de freno para regular la distribución, los ricos abastecerían sus hogares y acapararían todos los comestibles para luego venderlos a precios exorbitantes. Y ha sido debido a la tardanza en implantar cierto grado de racionamiento, o el sabotaje y oposición de ciertos poderosos grupos financieros y agrarios fuera y dentro del Congreso de los Estados Unidos, contra el plan de racionar y por tanto vedar los altos precios, que el precio de los alimentos ha aumentado en un 42 por ciento desde que comenzó la guerra y el costo de todos los artículos producidos en general ha subido un 22 por ciento de su precio original al comenzar la misma. Es, pues, más racionamiento y no menos—el racionamiento total de todo lo producido, de los servicios sociales y de los alquileres—que podrá terminar con la anarquía que existe aún en la distribución de productos y en los abusos de los acaparadores que, cuando ven una oportunidad de centuplicar sus ganancias, no hay quién les hable ni de las cuatro Libertades, ni de la frustración del nazifascismo. Ellos son en principio nazifascista.

Se han hecho tremendos errores en la distribución de alimentos. Esto hay que admitirlo. El error más flagrante es el de haber reducido a un "mínimo" trágicamente risible los productos alimenticios exportados a Puerto Rico. Es un error que está teniendo ya repercusiones intencionales, especialmente en Hispano América. Es nuestro deber como puertorriqueños, como hispanos, como enemigos declarados de los nazifascistas dentro y fuera de los Estados Unidos, protestar y luchar porque se subsane este error. No es sólo como puertorriqueños que demandamos que se envíe comida a Puerto Rico. Es como amantes de la justicia y de la democracia y porque sabemos la poderosa arma que se pone en manos de la reacción de Puerto Rico y Estados Unidos—una reacción que es el brazo derecho del Eje—que pedimos que se envíen barcos con comestible en cantidades suficientes para satisfacer las necesidades del pueblo puertorriqueño. Una

cosa es racionar, con lo que estamos todos de acuerdo y otra es con-
denar a la muerte paulatina a tres cuartas partes de una nación como
lo es Puerto Rico.

Aboguemos, pues, por un racionamiento total de todos los productos producidos. No dejemos que los pequeños trastornos e inconveniencias que sufrimos o los tremendos errores que las llamadas
democracias aún dominadas en gran parte por el conservadorismo y el
miedo a las ideas nuevas, nos escondan las elementales verdades y
necesarias tareas que hay que llevar en efecto, si es que queremos
ganar la guerra y la paz.

El racionamiento total es una tarea. El enviar comestibles inmediatamente al pueblo puertorriqueño es otra tarea de inmediata solución.
Hay muchas otras de vital y básica importancia para ganar la guerra y
para asegurar una paz de justicia verdadera. Ya hablaremos de ellas.

Un comité legislativo para vuestra sociedad

Hay cinco cuerpos legislativos en Estados Unidos cuyas actividades son de primordial importancia para todos nosotros. Ellos son el Concejo Municipal de la ciudad donde se vive, la Legislatura, el Senado del estado, la Casa de Representantes y el Senado de los Estados Unidos. Si a estos cuerpos legislativos añadimos aquéllos de Puerto Rico, las decisiones de carácter internacional de los parlamentos de las demás naciones y aquellas otras decisiones de entidades constituidas como la Corte Suprema de Estados Unidos de Norte América, las convenciones de la CIO y la Federación Americana del Trabajo, se verá que ya tenemos para estudio y tareas para un comité Legislativo en nuestra sociedad.

Cualquiera de las nociones presentadas o leyes aprobadas por uno de dichos cuerpos con poder legislativo, cualesquiera de las resoluciones u órdenes aprobadas por una de las tantas comisiones con nombres alfabéticos en Washington afectan nuestra vida diaria y aquélla de nuestros familiares directa o indirectamente. He ahí la importancia de que vuestro club si es que tiene aspiraciones de llamarse algo más que una excusa para dar bailecitos sabatinos, tenga un Comité o a lo menos una persona que se ocupe de estar al tanto del movimiento legislativo tanto en su rama local como nacional e internacional. Este Comité o esta persona debe de hacer una síntesis de los proyectos de ley, resoluciones presentadas en convenciones nacionales de importancia, órdenes de comisiones con poderes ejecutivos, leyes ya pasadas y aprobadas que afecten al pueblo en general y presentar esta síntesis a la asamblea general de la sociedad cuantas veces sea conveniente, apuntando a la vez las acciones concretas que hay que llevar a cabo inmediatamente: cartas a vuestros representantes, telegramas a Albany o a Washington, organización de mítines de masas en pro o en contra de un proyecto de ley dado de acuerdo como estas acciones beneficien o destruyan los intereses del pueblo. Los telegramas, cartas o acción de masas por vuestra sociedad o por sus miembros o conjuntamente por una representación de sociedades deben de ser puestas en práctica INMEDIATAMENTE. Con esto queremos decir, que si es cuestión de un telegrama, el Comité Legislativo o la persona encargada de dicho trabajo, debe venir al mitin general ya con el proyecto del telegrama escrito y preparado para ser presentado con las enmiendas y aprobación de los socios. Luego de estar aprobada por mayoría, la acción a tomar debe de ser puesta en práctica INMEDIATAMENTE o tan pronto como lo permitan las circunstancias.

Cuando vemos la trágica figura del capitán Eddie Rickenbacker, presidente de corporaciones, patrón reaccionario, amante de la lista negra para los trabajadores militantes y de salarios bajos para todos los obreros, presentado románticamente por las cámaras de comercio y todos los reaccionarios en los cuerpos legislativos de la nación como un gran héroe bajado de los santos cielos, por haber pasado los peligros que miles de obreros de la Unión Marítima han estado sujetos casi a diario y a los que no se les ha hecho tanta fiesta y tanta ceremonia, comenzamos a sospechar que hay algo más que loa y admiración por la ventura del capitán de la pasada guerra, cuyo título es hoy sólo de importancia histórica. Detrás de Eddie Rickenbacker están las fuerzas más reaccionarias y antiobreras de la nación ¿Por qué la insistencia de Rickenbacker de atacar el absentismo en las factorías sin a la vez criticar al absentismo en el mismo Congreso de los Estados Unidos que es cuatro veces peor? ¿Cuál es la causa de su insistencia en criticar lo que él llama "altos salarios" de los obreros en las factorías de defensa sin ni siquiera mencionar las fabulosas ganancias de los dueños de las mismas? ¿Por qué su posición contradictoria cuando ataca los "altos salarios" de los obreros y lucha a la vez porque se elimine la ley que prohíbe salarios mayores de 25,000 pesos al año para los otros siete que compartieron con él su aventura? ¿Por qué no se nos dice algo de la vida del sargento Alex Kaezmarezyk, que fue en su vida civil un buen miembro de la CIO, y el único que perdió su vida en la aventura de Eddie Rickebacker? Cuando tratamos de contestar ésta y otras preguntas es que llegamos al convencimiento de que hay algo más que el esfuerzo de honrar a un hombre por una aventura hoy muy corriente entre los obreros del Mar. Existe un plan bien pensado para "vendernos" al capitán Eduardito como antes trató la reacción y el nazifascismo en Estados Unidos de presentarnos a Hitler para los Estados Unidos.

Sólo un buen Comité Legislativo en vuestra organización, adherido a más amplias conferencias legislativas de la comunidad; sólo personas que expliquen éstos tan importantes asuntos en nuestras sociedades y apunten las acciones concretas a tomar, podrán conservar al pueblo alerta contra los instrumentos usados por la división, la reacción y el nacifascismo nacional estadounidense en ésta tan importante hora para la historia de la democracia en la humanidad.

¿Por qué lloras mujer?

Las lágrimas ruedan como perlas preciosas por los hogares de todos los hombres que marchan a la guerra. Madres, hijas, novias: como una tremenda catarata de preciosa energía vital hecha agua empapan sus pañuelos, que cansados ya de decir adiós al tren que se aleja, se arrebujan buscando—calor sobre los dedos de la mano.

Y continúan su marcha hacia el hogar las mujeres con lloros y lamentos.

¿Por qué lloran, mujeres? Porque tu hijo, porque tu hermano, porque tu novio, porque tu primo se lo llevan para el ejército, porque después de un período de tres semanas, en donde tratan de rehacer un cuerpo falto de ejercicio científico, ¿lo envían hacia la guerra? ¿A qué clase de guerra? ¿A una guerra justa? ¿A una guerra injusta? He ahí la clave de todo el problema.

Que se llore cuando al hogar el luto lo viste, es natural para nosotros los occidentales. Aunque la razón nos dice que todo lo que vive tiene que morir, el sentimiento traducido en lágrimas nos sirve como válvula para nuestro desahogo.

Pero que se llore cuando aún no está el cadáver de cuerpo presente, cuando ni siquiera el hombre no ha sido aún moldeado en un soldado, cuando las estadísticas nos dicen que ha sido un pequeño número de los millones que van a dejar de volver, es como matar a un ser querido por anticipado. Es como celebrar un velorio y desear indirectamente su entierro y su luto. ¿O es que acaso están ya muertos los que están en los diferentes campos de enfrenamiento? ¿Es que acaso han matado la décima parte del uno por ciento de los norteamericanos en los mismos frentes de batalla?

Si querer aparecer más guapo que el guapo de mi pueblo, ni más héroe que Colin Kelly o Moyer Levin, es preciso que comencemos a ver esta guerra desde un punto práctico y realista: esta guerra en su trayectoria histórica, esta guerra en su aplastante consecuencia de destrucción y de muerte para todos nosotros y todo lo poco que hay de puro, bueno y grande en este mundo imperfecto en que vivimos.

Esta guerra en su moderna faz fascista comenzó en Manchuria. Mientras los japoneses aniquilaban a los chinos en Manchuria, muchos de nosotros nos encogíamos de hombros y despreocupada- mente decíamos: "Eso no es conmigo". Luego Italia entró en Abisinia y muchos dijimos: "Eso no es conmigo". El nazismo alemán comien- za a diseminar sus teorías de superioridad racial diezmando a los judíos, invade a Austria, envía tropas a España en unión con el fascis- mo italiano y aún muchos de nosotros decíamos: "Y a mí qué, eso no es conmigo".

En nuestra suicida despreocupación, hemos dejado que las fuerzas del oscurantismo internacional envuelvan en sangre y en fuego dos terceras partes de la humanidad y hay quien persiste aún en su aislamiento físico y moral de las únicas fuerzas de unidad y lucha que conjuntamente pueden acabar con el gangsterismo internacional. Invaden a Polonia y a Francia y apuñalean a la Unión Soviética por la espalda y llega Pearl Harbor y aún . . . ¡Oh, mundo que persiste en mirar y no ver! ¡Oh, gente que no ve que la salvación no ha estado en el apocamiento sino en el hacer frente con rifles en la mano, persistes en repetir el cansado y monótono estribillo: "Nosotros no tenemos nada que ver con eso. ¡Eso no va conmigo!"

El nazifascismo, mujer que lloras inconsolablemente, no se con- formará hasta que el último rinconcito del mundo—de tu mundo, de tu hogar, de tu cuarto de dormitorio—no le pertenezca. Hasta que tu cuerpo, mujer, no haya sido violado y sus partes torturadas y echadas al viento.

¿Es que tú verías con honor y con contento, si se dejara la bestia nazifascistas entrar a tu propio hogar, que los hombres de tu casa, bus- casen amparo en el más recóndito cuarto de la misma, repitiendo como siempre el estribillo: "Eso no va conmigo".

Yo sé mujer que lloras, que tu veías un acto como ése por parte de tus hombres como una gran afrenta.

Y la bestia está ahí en el umbral de la civilización y de la vida libre. La bestia tiene sus representantes activos dentro de nosotros. Se llaman derrotismo, desunión, desilusión y duda de nuestro triunfo final. Se llama la Falange. Se llama la Quinta Columna.

Contestación a un adolescente que quiere saber

Niño ya casi joven que vienes hasta mí avergonzado y tartamudo porque el otro niño en la escuela te llamó "spick" y te dijo "greaser". Niño casi ya hombre, de pantalón largo, de padres hispanos y nacido aquí, que avergonzado y confundido, no supiste contestar cuando te preguntaron socarronamente quiénes eran tus antecesores y qué habían ellos aportado al desarrollo y civilización de este país. Cuando otra vez quiera alguien ridiculizar tu origen y tu historia, que es la de tus padres y la de tus abuelos, contéstales así:

"Se hubiese tardado quizás muchos años, tal vez muchos siglos el descubrimiento de toda la América, a no ser por la visión de un gran navegante español y el corazón de una gran mujer que también era reina de España. Con esto quiero decir que quizás no estuviésemos aquí en este momento y en esta misma hora, si no hubiese sido por aquéllos que me dieron su cuerpo, su alma, su lengua y aquéllos que me honro con llamar mis padres y abuelos. Los primeros hombres europeos que se atrevieron arrostrar los peligros de los indios atravesando inmensos ríos, misteriosas llanuras y empinadas montañas eran españoles. La más elemental historia de los Estados Unidos de Norte América adorna sus páginas con los augustos y prestigiosos nombres De Vaca,[1] Coronado,[2] De Soto[3] y Ponce de León.[4] Más de una docena de estados de la unión y cientos de ríos, ciudades y avenidas, especialmente en el oeste de los Estados Unidos, hoy llevan como nombres, aquéllos de cientos de exploradores, misioneros y soldados españoles que expusieron su vida más de una vez para llevar como primitivos pioneros una nueva cultura a los más recónditos rincones de todo el oeste de América del Norte".

---

[1] Alvar Núñez Cabeza de Vaca (1490–1557). Escribió la crónica conocida por *Naufragio* (1542) donde relata su viaje por el norte de los Estados Unidos hasta Sinaloa. Fue encontrado por las tropas españolas en Culiacán.

[2] Coronado (1510–1554). Conquistador español y gobernador de la Nueva Galicia, conocida actualmente como Sinaloa. Atravesó la costa de California, el oeste de Nevo México y cruzó Texas.

[3] Hernando de Soto (1500–1542). Conquistador español que penetró el este de Norte América iniciando en Tampa en 1539 y finalizó en Arkansas en 1543.

[4] Ponce de León (1474–1521). Primer conquistador europeo en explorar Puerto Rico, Florida, y partes de México. Fue mejor conocido por su obsesión por encontrar la mítica fuente de la juventud.

"Cada vez que entres en una 'cafetería', recuerda que su nombre
vino del castellano. Cada vez que concurras a un "rodeo" en el "Madison Square Garden", recuerda que no sólo el nombre de esta fiesta,
sino el toro y el caballo—animales tan útiles para desarrollo de un
país—fueron traídos a Estados Unidos por los "spicks". Más de nove-
cientas palabras hoy corrientes en el idioma inglés, tienen su origen
en la lengua castellana".

"La arquitectura y las costumbres de todo el sudoeste de Estados
Unidos son tan españolas como son puritanas la arquitectura y las costumbres en los estados de Nueva Inglaterra".

"¿Qué se harían las cosechas de frutas y vegetales del oeste sin los
mexicanos?¿Los inmensos frigoríficos de Chicago sin los mexicanos?
¿Las grandes factorías de tabaco de Tampa y Nueva York sin los
cubanos, los tampeños y los puertorriqueños todos de origen hispano?
Sufriría bastante la industria minera de Pensilvania y West Virginia si
faltara el poderoso brazo del gallego. De todo eso está orgulloso mi
origen hispano"

"En el campo del deporte los hispanos también hemos contribuido con algo. Muchos son los apellidos de famosas estrellas en el béisbol y el boxeo especialmente, que denotan su origen hispano. López
y Lefty Gómez, reconocidos como estrellas en las ligas mayores del
béisbol por largos años, son descendientes de hispanos. Luis Ángel
Firpo, el único boxeador en el mundo con fuerza bastante para sacar
del cuadrilátero al famoso Jack Dempsey de sólo una trompada, también es hispano. Como lo es Sixto Escobar, puertorriqueño, ex-
campeón peso pluma del mundo, y como lo es Pedro Montañez, púgil
hoy retirado que más de una vez llenó con su habilidad de peleador
los amplios coliseos.

En el campo del arte, muchos son los nombres de hispanos ilustres con que puede muy bien honrarse cualquier nación. Tomemos la
música. Desde el "Metropolitan Opera House" hasta el cabaret de
Broadway los nombres de hispanos en cualquier género de música,
son legión. En la ópera Lucrecia Borgia, Miguel Fleta[5] e Hipólito
Lázaro,[6] han atraído los aplausos del público más exigente. No hay

---

[5]Miguel Burro Fleta (1897–1938). Famoso tenor aragonez de fama universal.
[6]Hipólito Lázaro (1887–1972). Tenor nacido en Barcelona, muy popular en Latino
   América; conocido inicialmente como Antonio Manuele.

hotel de primera clase ni cabaret de renombre internacional por el cual no haya desfilado una o dos orquestas hispanas de renombre. Xavier Cugat,[7] Madriguera, Juanito Sanabria, Alberto Iznaga, Noro Morales,[8] por sólo nombrar una media docena, han llevado la música popular hispánica desde el cabaret más refinado hasta la casita en Long Way; la rumba, el bolero, el danzón—modalidades musicales hispánicas que han traído consigo un sin fin de desconocidas e incitantes armonías y gracias a la vida en Norte América".

Y podríamos seguir; pero para qué. Podríamos tomar la ciencia y la filosofía y comenzar con De la Cierva[9] y Santayana.[10] Pero creo, niño ya casi joven, que viene hasta mí avergonzado y casi tartamudo, que ya te he dado bastante material para contestar a cualquiera que desee saber. Tu raza ha contribuido tanto como cualquiera otra al desarrollo y civilización en Estados Unidos. Esto debemos de decirlo a todos con modestia, pero con firmeza. No con un orgullo estilo nazi que cree en la superioridad de una raza sobre la otra raza. Esto es un error científico sin base, sólo útil para los que les gusta fomentar la división y el odio. Todas las llamadas razas son iguales. No hay sino una sola raza: la raza humana.[11]

Levanta la cabeza, pues, niño hispano que naciste aquí. Tú has traído tanto como lo que trajeron los irlandeses y los suecos. Todos trajeron lo bueno y lo malo de sus idiosincrasias. Echemos lo malo y tomemos todo lo bueno de todas las razas. Cuando esto suceda habrá comenzado a nacer el nuevo hombre. El ciudadano de los Estados Unidos de América; el ciudadano de los Estados Unidos del Mundo. Luchemos porque eso sea una realidad.

---

[7]Javier Cugat Mingall (1900–1990). Español que emigró a Nueva York entre 1915 y 1918 y participó a finales de los veinte en las películas con sonido. Contribuyó a la fusión de la música latina en la escena popular americana.

[8]Noro Morales (1911–1964). Uno de los líderes del jazz latino más popular de los años cuarenta.

[9]De la Cierva (1895–1936). Ingeniero aereonáutico que inventó el "autogiro", uno de los antecedentes del helicóptero.

[10]Santayana, Jore Ruiz de (1863–1952). Extraordinario filósofo, ensayista, novelista y poeta español, que escribió en lengua inglesa.

[11]Jesús Colón, como director de *Hispanic Publishers* negoció con *Public Affairs Committee* la publicación al español de *Las razas humanas* (1945)—*The Races of Mankind*—de Ruth Benedict y Gene Weltfish. Esta columna expresa la tésis de este libro.

Éste es tu periódico

Escribir, editar, imprimir y hacer circular un periódico no puede ser asunto de un pequeño grupo de individuos. No queremos añadir otras múltiples e importantes operaciones en la publicación. Sería extensa la lista. Un periódico, pues, como PUEBLOS HISPANOS, debe ser parte de la carne y el espíritu de cada uno de nosotros los hispanos. Debe ser un interés primordial y perenne en nuestra diaria vida, como es perenne y primordial el interés que tenemos en nuestra voz misma. PUEBLOS HISPANOS es la única y genuina voz colectiva de todos los hispanos.

Y no es que nos quejemos de la cooperación recibida hasta hoy. Al contrario, estamos más que agradecidos. Hoy PUEBLOS HISPANOS se consigue y circula a su debido tiempo desde la distante barriada hispana de Bay Ridge en Brooklyn, hasta el más lejano rincón en el Bronx, en donde viven hispanos. Solamente quisiéramos apuntar que no es útil ni para el periódico ni para las personas que con tanto desinterés están ayudando a que el mismo sea buscado por los sitios de venta si estas personas duplican el trabajo: si dos o más personas tratan de cubrir los mismos kioscos de periódicos, o las mismas rutas de hogares hispanos. Esta duplicación y gastos innecesarios de preciosas energías tiene su causa en que aún no hemos tenido tiempo para reunirnos todos los que estamos interesados especialmente en la circulación, para cambiar experiencias y dividir y sistematizar las rutas.

Nuestros corazones vibran de entusiasmo al ver cómo desde el viernes por la noche hasta el domingo y el lunes, llegan hasta las oficinas de *Pueblos Hispanos,* hombres, mujeres y niños de todos los barrios de la ciudad a buscar una cantidad de periódicos. Crece aún más nuestro entusiasmo al ver cómo aumenta semana tras semana el número de ejemplares que se llevan y que no devuelven. Nuestro periódico se hace popular, nuestra circulación crece. Estamos siendo una gran fuerza de unión, de clarificación y de acción dentro del inmenso grupo hispánico de Nueva York .

¿Y por qué traigo yo este tema a ésta, mi columna semanal, cuando debiera ser éste el objeto de un informe al director o a la administradora de PUEBLOS HISPANOS? Simplemente porque el que

escribe esta columna como los que dirigen y administran este semanario, creemos que TÚ, lector, eres el periódico; que a ti es que
nosotros debemos de presentar nuestros informes; que contigo y con
tu ayuda es que vamos a llevar nuestros empeños; que TÚ, lector, TÚ
pueblo, eres PUEBLOS HISPANOS.

Y si aún, amigo lector, no te has incorporado a los bandos activos
pro-semanario PUEBLOS HISPANOS, que ya existen en casi todos
los barrios y en la mayoría de nuestras más representativas organizaciones, no creo que sea porque no veas la importancia de este periódico de nuevo tipo para todos nosotros. Creo más bien que es porque
aún no has pensado la manera más práctica y concreta de ayudar. He
aquí, pues, varias de las maneras:

(1) Haz que PUEBLOS HISPANOS sea un punto en el Orden del
Día de la sociedad fraternal, grupo social o político o la unión
obrera a la que tú perteneces, con el propósito de que se nombre un individuo o comité que se ocupe todos los viernes por
las noches de ir a buscar cierto número de PUEBLOS HIS-
PANOS y venderlos en el salón de la institución. Y en los hogares de mayor número posible de todos los miembros.
Recuérdese que el periódico no es solamente para la directiva
y para el pequeño número de socios que han hecho la costumbre de visitar semanalmente los salones de la institución, sino
para aquéllos que están en sus hogares. PUEBLOS HIS-
PANOS podría ser muy bien el medio por el cual podrían acti-
varse muchos de los socios de vuestra sociedad que han optado hasta hoy en quedarse recluidos en sus casas. La persona
que se encargue de nuestro semanario debe de hacer una nota
semanal de todas las actividades que se tienen planeadas para
la próxima semana.

Esta nota debe de estar en las oficinas de PUEBLOS
HISPANOS, a más tardar el miércoles antes de la fecha en
que ha de llevarse a efecto dicha actividad. Cualquier acto
social o de carácter familiar que ocurra en el hogar de
cualquiera de los miembros debe también ser tomado para
PUEBLOS HISPANOS por el representante oficial del pe-

riódico debidamente electo por la directiva para llevar a efecto este trabajo. El nombre y dirección del individuo seleccionado debe ser enviado inmediatamente a PUEBLOS HISPANOS.

(2) Si conoces un "stand" de vender periódicos en donde tú creas que pueda venderse un buen número de nuestro samario, pasa por la oficina de PUEBLOS HISPANOS, y lleva una media docena al kiosco en cuestión. Si cien hispanos hiciésemos lo mismo con cien kioscos de periódicos en todos los distritos de la ciudad en donde vivimos, imagínate como crecería nuestra circulación. Sé tú uno de los cien. Ya tenemos un número crecido que están llevando a efecto esta tarea.

(3) Pasa por PUEBLOS HISPANOS y llévate una docena de periódicos. Comienza por el último piso de tu casa de apartamentos. Cuando llegues al primer piso los habrás vendido todos. Eso ha sido la experiencia de varios. Se puede ver, al oír referir estas experiencias que la colonia toda está clamando por esta clase de periódicos; que pronto podríamos tener un gran diario militante y progresista.

Pudiéramos seguir añadiendo muchas otras maneras de cómo ayudar en esta obra. Pero mejor es que las dejemos para que tú mismo las pienses y las pongas en práctica. Yo sé que tú lo harás. El pueblo sabe siempre lo que tiene que hacer cuando hay que hacerlo.

Escribe esa carta

Muchas veces leemos con alegría como una lucha de años ha culminado en el triunfo de aquéllo por lo que se luchaba. Otras veces leemos con disgusto y con furia que un flagrante crimen contra la democracia o que un asalto contra los derechos del hombre pasan casi por desapercibidos por la opinión pública. ¿Y qué hacemos nosotros como individuos, como parte de una sociedad que se supone civilizada, para contrarrestar estos crímenes y estos asaltos? ¿Qué hacemos cuando embargados por la alegría, nos damos cuenta que por fin se ha enderezado un entuerto? La mayor parte de las veces nos encojemos de hombros y proseguimos la rutina de nuestra vida cotidiana. Otros pensamos por un momento escribir felicitando o condenando, de acuerdo como el caso lo requiera: pero es lo cierto que la mayor parte de las veces, esta inclinación para escribir no sale del tintero. ¡Y qué diferencia hacen unas pocas cartas, algunos cientos de tarjetas postales o unos cuantos telegramas!

Las cartas, las tarjetas postales y los telegramas contribuyeron en gran parte a que se le salvara la vida a Tom Mooney, Angelo Herndon[1] y los muchachos del caso Scotboro. Las cartas, las tarjetas postales y los telegramas llenan de regocijo y dan más energías para la pelea no sólo al joven soldado que recibe una carta en el Norte del África, sino también al modesto defensor de los derechos del pueblo en los escaños del parlamento.

Pero tenemos ejemplos de la vida diaria. Uno de los más famosos equipos de las ligas mayores de "Base Ball", los Dodgers de Brooklyn han aceptado por primera vez en la historia de ese tan renombrado equipo a un puertorriqueño como jugador. Su nombre es Luis Olmo.[2] La importancia de este hecho en el mundo del deporte y en las implicaciones sociales y resultados prácticos para otros jugadores que hoy día son "discriminados" por su color o su raza no puede medirse

---

[1]Angelo Herndon (1913–). Militó en el Partido Comunista y estuvo involucrado en el caso Scotboro. Dirigió una marcha de miles de desempleados negros y blancos en Georgia. Arrestado y juzgado por incitar una insurrección, se convirtió en el centro de un famoso caso racial en los años treinta.

[2]Luis Olmo (1919–). Bateó .313 en 1945 y fue líder en triples con 13.

con palabras. ¿Pero, quién de nosotros se ha dignado escribirle a los dueños de los Dodgers, o a Leo Durocher,[3] el conocido "manager" de esa novena o a Dixie Walker, el jugador que ha mostrado más atenciones con Luis Olmo entre todos los jugadores de Brooklyn?

No podemos negar el tremendo efecto que una lluvia de tarjetas postales escritas por puertorriqueños y demás hispanos, felicitando a la novena de Ebbetts Field, en Brooklyn, podría tener para el futuro de otros buenos jugadores y para ese inmenso grupo de magníficos peloteros de la raza de color—peloteros como Satchel Page[4] y como Gibson—mundialmente conocidos como los mejores en su base y que por ser de color, no han podido aún romper con los prejuicios existentes en esta rama del mundo del deporte. Enviemos, pues, cartas, tarjetas postales y telegramas felicitando a los Dodgers de Brooklyn. Y estemos en el "grand stand", miles de hispanos, en el día que salga Olmo por primera vez oficialmente.

---

[3]Leo Durocher (1905–). Jugador y dirigente en varios equipos de las Ligas Mayores.
[4]Satchel Page (1897–). Una de las figuras legendarias de la liga de color. Se convirtió en el novato más viejo de las Grandes Ligas (1948). Lanzó hasta los 59 años.

Muchos de los que estamos aquí lo veremos

La reacción avanza. Los Bankhead, los Tydings en el Congreso y los Berle y los Bulli en el Departamento de Estado de los Estados Unidos, están tratando de organizar todas las fuerzas de la opresión, la reacción y el odio a toda idea de libertad y progreso en este país, como una preparación nacional contra el gran asalto que el conservadorismo mundial piensa hacer en la post-guerra contra la Unión Soviética, las ideas generalizadas en las cuatro Libertades, y todo movimiento de liberación nacional. Se enseña al ejército cómo atacar los piquetes de obreros en las puertas de las factorías. Se abren escuelas para futuros pequeños "fuchers"[1] que puedan convencer al pueblo estadounidense de lo "bueno" que sería vivir bajo un gobierno dominado enteramente por generales.

Se apacigua a Franco dándole víveres que él, como buen fascista, pasa a su amigo Hitler. Se apacigua a los fascistas franceses en el Norte del África, poniéndolos en posiciones de responsabilidad y de mando, mientras miles de antifascistas continúan en los campos de concentración nutriendo sus espíritus de promesas sin base.

Todo es verdad. Y mientras tanto hay la tendencia en muchos de llenarse de desilusión y pesimismo. Puerto Rico se muere de hambre. El costo de la vida sube vertiginosamente. El bloque agrario del Congreso insiste en sacarnos del cinco a diez por ciento más de nuestra paga. Todo esto es verdad. Podríamos añadir otros muchos ejemplos. Y con todo y con eso nos atrevemos a insistir que la reacción no ha de salirse con la suya.

Hemos notado que los que caen bajo esta ola de pesimismo y desilusión son, por lo general, los que están alejados de la lucha diaria: los que, zampados dentro de libros cubiertos de polvo, se contentan con darles vueltas a unas cuantas "teorías" muy suyas que, han tenido siempre miedo de poner en práctica por temor de que se derrumben al ponerlas en contacto con la realidad. Personas que se han enclaustrado en una torre de marfil, y que por una razón temen

---

[1] Probablemente hace referencia a la pronunciación popular al español de *Führer* o caudillo del alemán. Éste era un apelativo por el cual se conocía a Adolfo Hitler.

abrazarse y venir a ser parte del pueblo. Quizás fueron una vez hasta la masa y al ver que ésta no aplaudía sus vacuidades literarias o no entendía su confusionismo retórico-social, se aprestaron a regresar a sus Campos Elíseos donde reina el bombo mutuo, antes de que el pueblo descubriese su intrínseca ignorancia.

Éste es el tipo que con un cigarrillo larguísimo puesto en larguísima boquilla nos dice que va a triunfar la reacción, que Hitler, Mussolini, Franco o Hirohito "no son tan malos". Ellos son el material del cual el fascismo hace oficinistas, académicos y diplomáticos.

Ellos saben que el pueblo—tú y yo y aquél que va por la otra acera—tiene siempre la última palabra. Que el pueblo es eterno. Que los hijos de los hijos de nuestros hijos, continuarán luchando hasta que no haya un hombre con hambre y hasta que el último grillo haya desparecido de la tierra.

Los reaccionarios de hoy, como los que existieron durante las revoluciones francesas y rusas, como todos los que precedieron a aquéllos a través de la historia, están cometiendo los mismos errores. Y en cada acción de ellos por suprimir las libertades humanas o quitar el pan al obrero para aumentar sus pingues ganancias, van educando y uniendo sin querer, a la masa misma, hasta que ésta, curada ya de todas las ilusiones pequeño burguesas tan halagadoramente presentadas en el cinema y en el libro por los escritores al silencio del capital, descubran disciplinados y decididos su tremendo y magnífico poder.

¿Quién se acordará entonces del nombre del último reaccionario? Y eso lector no es hoy una utopía. Muchos de los que estamos vivos lo veremos.

Los otros Estados Unidos

Hay dos Estados Unidos como hay dos Puerto Ricos. A un lado, los Estados Unidos de los Ku Klux Klan y del "Black Legion" con todos sus secuaces—el caballo de Troya del nazifascismo en esta nación—; y del otro lado, los Estados Unidos de elementos progresistas como Wallace y Wilkie: hombres que desde Roosevelt hasta Browder luchan por la unificación de todas las fuerzas de progreso y libertad para el hombre, de acuerdo con sus diferentes maneras de interpretar el progreso y la libertad.

También hay dos Puerto Ricos. El Puerto Rico de los vende patrias. El Puerto Rico del naciente capitalismo nativo que hace causa común con el capitalismo absentista del Norte, pagando salarios de indigencia al proletariado puertorriqueño; el Puerto Rico de los esbirros que ametrallan al pueblo que marcha en un domingo de ramos[1] o que clama por un pedazo de pan más en una huelga.

Hay también un Puerto Rico glorioso de la tradición revolucionaria: el Puerto Rico de Betances y Albizu Campos, el de Ruiz Belvis y Hostos; el Puerto Rico que un día ha de asombrar al mundo.

Los americanos tipo Ku Klux Klan y los puertorriqueños vende patrias se comprenden muy bien. Están unidos. No sólo están unidos entre sí, sino que sus abrazos de hermandad se extienden hasta las capas más enemigas de la libertad en el mundo: los representantes del hitlerismo, el fascismo y la falange en todos los países. Son internacionales los vende patrias puertorriqueños y saben muy bien las ventajas de unirse a las fuerzas de explotación, abusos y opresión de los demás países. Cuando vienen a Estados Unidos son recibidos en los aeropuertos por representantes de los grandes magnates. Se hospedan en los mejores hoteles en donde son banqueteados y en los cuales se llevan a cabo largas conferencias para deliberar nuevos modos y maneras de exprimir la última gota de energía de los cuerpos emaciados[2] de los obreros y campesinos de la colonia.

Los hijos de los explotadores de allá y de acá van a las mismas universidades en donde son socios de los mismos clubes exclusivos para cierta clase de estudiante solamente. Se casan entre sí, hijas e hijos, y los productos de estos enlaces no adoptan nombres como Ja-

---

[1]Referencia a la masacre de Ponce (1937).
[2]Demacrados.

cinta ni Juana, sino que vienen a llamarse Betty y Jean. Hay una unión y comprensión completa entre los explotadores.

¿Pero qué unión y comprensión existe entre los explotados de aquí y de allá? ¿Entre los que todos los días tenemos que levantarnos blancos y negros, protestantes y católicos, puertorriqueños y norteamericanos— a sudar la gota gorda en una factoría? ¿Perteneceremos los hispanos todos en la cantidad que debiéramos de pertenecer a las uniones obreras para, conjuntamente con nuestros hermanos obreros de todas las demás nacionalidades que habitan Estados Unidos, saber y poder mejor defender nuestro pan? ¿Respetamos o sabemos siquiera lo que es la Internation Labor Defense, o la International Workers Order, poderosas organizaciones compuestas en su mayoría por norteamericanos y que sin embargo han hecho tanto por Puerto Rico y los puertorriqueños?

Estas poderosas organizaciones son las verdaderas sociedades que continúan viviendo de acuerdo con las grandes tradiciones revolucionarias y constructivamente democráticas del pueblo de los Estados Unidos. Sepamos, no como lo enseñan en la escuela quién es Thomas Jefferson, Thomas Paine, Elijah Lovejo, Gene Debs[3] y muchos otros hombres que ha dado este pueblo. Estudiemos dónde, cómo y por qué se originó el Primero de mayo y el Día internacional de la mujer, días conocidos y respetados por todo el que orgullosamente se llame trabajador en cualquier parte del mundo. Unámonos y hagamos causa común en las luchas de estos hombres que forman los otros, los VERDADEROS Estados Unidos. Respetemos sus instituciones progresistas, su VERDADERA historia y tradiciones desde el famoso discurso de Patrick Henry en la legislatura de la colonia de Virginia hasta la última intervención congresional del Marcantonio, clamando justicia y libertad para Puerto Rico.

Hagamos causa común con el PUEBLO de los Estados Unidos— nosotros que somos parte del pueblo puertorriqueño—contra los explotadores de ambos países.

Sólo así podremos evitar que, cuatro o cinco años a esta fecha, nos encontremos juntos en un campo de concentración aquí o en Puerto Rico, discutiendo todavía si debemos o no pararnos cuando se esté tocando el himno nacional de los Estados Unidos.

---

[3]Eugenio V. Debs (1855–1926), líder del Partido Socialista Americano. Fue candidato a la presidencia de los Estados Unidos en cinco ocasiones (1900–1920).

Sociedades y sociedades

Hay sociedades y sociedades. Sociedades para perder el tiempo y sociedades para aprovechar el tiempo. Sociedades para pervertirse y sociedades para beneficiarse. Sociedades en donde se puede llevar a su esposa y su familia; y sociedades en donde llevar familia y esposa es cometer un crimen social contra la esposa y la familia.

Es por eso que vale la pena investigar con detenimiento y con tiempo los principios y las personas que están al frente de una llamada sociedad antes de llenar una solicitud para pertenecer a la misma. Pidamos una constitución y un reglamento. Informémonos de quiénes son sus fundadores y elementos activos. Qué reputación tienen ante la colonia. Vayamos como visitantes no esperados, a una o dos de sus reuniones y a sus fiestas. Notemos si en estas fiestas y en estas reuniones se está procediendo de acuerdo con el espíritu y la letra de los principios que la sociedad dice sustentar. Veamos qué beneficios sociales, fraternales, culturales y puramente prácticos en caso de enfermedad o muerte dentro de nuestro hogar tiene un miembro y si esos beneficios sólo existen en papel. Todas estas investigaciones son de primordial importancia si es que verdaderamente estamos buscando una sociedad que valga la pena si no es que queremos pertenecer a una agrupación socialmente por complacer a un amigo o nada más que por andar alegre.

Desgraciadamente existen en nuestro medio ambiente infinidad de sociedades con sonoros y hasta patrióticos nombres que no son ni sociedades ni organizaciones patrióticas. Sociedades que, amparadas por un título de incorporación, no son sino antros de perversión y de juego. Media docena de "vivos" componen una eterna directiva que ni rinde informe de ninguna especie a los "miembros" y que más o menos descaradamente, dividen entre sí el producto de la jugada y las ganancias de los bailes y la cantina.

Hay otros clubes llamados sociales o de cultura y recreo, en donde todo se va en recreo y no hay nada de cultura. En estos grupos sociales está casi prohibido presentar cualquier idea para el bienestar de la colonia o para levantar el civismo de nuestro pueblo. Todo lo que no sea baile, botella y baraja está considerando como "asunto políti-co" que no tiene cabida en su programa de "actividades".

Otro tipo de sociedad muy común años atrás, pero que aún se encuentra en más sutiles y disfrazadas formas, es la sociedad "casi-no". La agrupación de una auto determinada "élite" a donde sólo podían pertenecer aquellos que sus familias hubiesen pertenecido al centro "de primera" en el lejano pueblecito que les vio nacer. La ac-tual posición social del individuo en Nueva York, como obrero de fac-toría o un simple lavaplatos de un hotel no era ni es tomado en con-sideración para ser socio de estos "casinos". Forman por lo general esta clase de sociedades los elementos más antiobreros, con tenden-cias fascistoides, prestos a hacer causa común con las agrupaciones más reaccionarias y llenas de prejuicios raciales y políticos en Esta-dos Unidos. Viven saboreando el recuerdo de lo que una vez fueron y odiando la realidad palpitante y escueta de lo que son. Sólo concurren a salones y pertenecen a sociedades donde, por razones pura y ridícu-lamente raciales "se reservan el derecho de entrada". Hitler y el Dr. Goebbels[1] no pueden ser mejor imitados. Si en la república puerto-rriqueña del mañana se levantara un partido fascista, los "storm troop-ers" serán reclutados dentro de este elemento que se empeña en adop-tar tendencias raciales completamente anti-puertorriqueñas, tendencias raciales que se dan de cachetes con tradicionales, costumbres y hechos en las páginas de las historia de nuestros grandes hombres y de nuestra isla.

Pena de ver a esta clase de elemento que, por lo general, nunca perteneció a la primera en su pueblo de origen tratando de imitar a los "Four Hundred". Y pena da también como este grupo de mentecatos de *tuxedos* alquilados desacreditan un bien definido grupo social de nuestro pueblo, grupo social que ha dado tanto nombre de valor y de prestigio a nuestra isla.

Tenemos otros muchos tipos de sociedades. La sociedad que sólo está interesada en conservar el "status quo" de sus miembros. De no

---

[1]Goebbels, Paul Joseph (1897–1945). Ministro de propaganda nazi desde 1933, cuan-do tomó completo control de la radio, la prensa, el cine y el teatro. Dirigió la pro-paganda más despiadada contra los judíos. Se suicidó y mató a su familia después de la derrota alemana.

meterse en nada ni pertenecer a ningún movimiento que ponga en peligro su reputación como una organización "de orden" y el "modus vivendi" de sus asociados.

Podríamos citar más clases de sociedades; pero éstas bastan.

Enviar delegaciones a visitar estas sociedades, mandarles planillas para que envíen delegados a movimientos de interés común, es perder el tiempo miserablemente. Mandan, si acaso, un "observador" que lo primero que dice es que no tiene autoridad para actuar; pero que sin embargo trata de estampar sus doctrinas conservadoras a los más vacilantes.

Todas estas instituciones si es que podemos llamarlas así, tienen una cosa en común: odio a todo lo nuevo, a todo lo progresista, a todo lo que amenace con cambiar el estado de cosas. Colaborar de una manera oportunista con los "power that be", esa es su consigna, no importa que en el acto tengan que arrastrar por el fango valores imperecederos. Al igual que las fuerzas de la reacción y el obscurantismo en el país de las cuales son sus aliadas gozan de acusar de "comunistas" a cualquier individuo o movimiento que trate de llevar luz a sus centros.

Es por eso y por muchas otras razones que, si tuviéramos más espacio añadiríamos, que es necesario investigar muy bien, antes de firmar la solicitud y pagar la cuota de iniciación a la sociedad de la cual pensamos hacernos miembros.

Los judíos y nosotros

El judío, para la generalidad de los hispanos significa, el casero, el hombre que vende trajes a plazos, el propietario explotador de la factoría en donde trabajamos a la vez que el agitador "rojo" y "comunista". El judío—y esta palabra siempre se pronuncia despectivamente—es el hombre que vendió a Cristo. ¿Acaso no lo decía así el bueno y sabio párroco en la iglesia pintada de anaranjado y color rosa cuando de niños, asistíamos a la doctrina? ¿No se llenaba nuestra alma de ira y regocijo cuando en el sábado de gloria y a los gritos de "¡El Jua! ¡El Jua!", apedreábamos por todo el pueblo aquel muñeco de trapo amarrado, enhiesto y ridículo, sobre el lomo del caballo del carbonero?

Como podemos ver, se nos han condicionado nuestras emociones desde niños para expresar este desprecio y este odio que, cuando lo analizamos tiene un bien definido propósito. ¡Y cuál es este propósito! ¿Quiénes son los que están tan interesados a que se desprecie y se odie al judío? Veamos. Bajo todo sistema de explotación del hombre por el hombre, llámese este sistema barbarismo o esclavitud, feudalismo o capitalismo, el grupo que explota tiene necesidad de utilizar de vez en cuando, alguien a quien echarle la culpa de la pobreza y falta de libertades y medios de vida en que obligan a vivir, el grupo que explota, a la mayoría de los ciudadanos. Es necesario desviar el odio y el deprecio que lógicamente la masa expresaría en acción contra los verdaderos explotadores y echarle la culpa al comprender un día, como lo comprenderá, quién es el verdadero responsable de que tenga que haber una guerra cada veinte años, de que haya que cortar la producción de alimentos y artículos de primera necesidad de vez en cuando porque se ha producido demasiado, mientras el pueblo se muere de hambre, el pueblo mismo tomaría los pasos pertinentes para eliminar los verdaderos explotadores y cambiar para beneficio de la mayoría el presente sistema social.

Hitler hizo una nueva contribución de importancia para los explotadores: convirtió en ciencia el odio al judío. Sistematizó y revivió todos los prejuicios y todos los errores históricos y científicos contra esta raza. Hizo catedráticos y académicos a los que por dinero o por miedo prostituyeron el pensamiento y la ciencia, para expandir en "tratados" las más desacreditadas falsedades. Construyó el más perfecto aparato de publicidad, ramificándolo por todos los ámbitos del mundo y en todos los idiomas. Y por todos los medios el Dr. Goebbels y sus satélites presentan en variados artículos y discursos pseudocientíficos la "teoría" de la inferioridad de las razas, la superioridad indiscutible de la raza alemana sobre todas las otras, y el judío como la causa de todos nuestros males.

Nosotros los hispanos, como un grupo de minoría explotada, no debemos de caer en la trampa que nos tienden los explotadores entre sí. Cuando vilipendiamos a un judío, que la mayor de las veces es un pobre diablo que tiene que trabajar y sudar por su pan como nosotros, estamos haciendo causa común con Hitler y Goebbels. Que hay judíos malos y explotadores, lo sabemos. Como en todos nuestros países y aún dentro de nuestra colonia, en su mayoría proletaria, hay también hispanos malos y explotadores.

Que por un refugiado judío con dinero que pudo quizás comprar su huida de Alemania y que nunca perteneció a la clase de explotados, no paguen todos los demás judíos, como nosotros, explotados. No ayudemos a Hitler y a todos sus prosélitos, escondidos o desenmascarados, a hacer del judío el "scape-goat" de esta guerra y de la anarquía y falta de sistema de la presente sociedad.

Hemos crecido ya. Está madura nuestra mente. No sigamos gritando como niños: "¡El Jua!, ¡El Jua!" y tirando piedras a un muñeco silencioso y hueco que no nos ha hecho nada.

Dirijamos nuestras iras hacia el verdadero enemigo de los explotados. Tú sabes quiénes son. Ellos no tienen ni patria ni bandera.

El argumento más pobre

Entre todos los argumentos en contra de la independencia de Puerto Rico, el más pobre de todos parece ser el que se ha popularizado más en lo que pasa en ciertos círculos por la opinión pública. El "argumento"—si es que se le quiere dar lustre a la incomprensión llamándola tal—de que inmediatamente que se le dé la independencia a Puerto Rico va a comenzar un período de desorden, de revoluciones y de anarquía en nuestra isla.

No debemos desechar este "argumento" cuando se nos presenta como sólo otra expresión emocional de un individuo. La historia nos enseña que cuando un movimiento emancipador llega a un momento en su desarrollo en que no se puede ya parar con razones más o menos lógicas al parecer, el pueblo que oprime al otro pueblo o la clase que oprime a la otra clase, recurre entonces a las excusas más fantásticas para no otorgar al oprimido aquello que por ley natural y por justicia humana le corresponde. Así vemos que, cuando los reyes no pudieron hacer creer por más tiempo a sus súbditos que los reyes eran descendientes directos de un ser divino, comenzaron a diseminar a través de los filósofos, los escritores y los artistas que le servían, el concepto de la aristocracia basada en el linaje y en la sangre azul. Vemos así también, cómo en las últimas décadas del siglo dieciocho cuando hacia el presente sistema de explotación humana que llamamos capitalismo, cuando el día de trabajo era de catorce a dieciséis horas, cuando reinaban las espantosas condiciones de vida tan gráficamente descritas en las novelas de Dickens, que cuando los obreros pedían a los patrones el día de doce horas, los patrones contestaban poniéndose las manos en la cabeza que seguramente vendría una era de desorden y anarquía, porque los obreros usarían sus extras horas de ocio, (!!!!????), raptando niñas y amaneciéndose borrachos en las tabernas. Esta histórica lucha por el día de doce horas primero, por el día de diez horas después y por el día laborable de ocho horas tal y como lo tenemos hoy en la mayor parte del mundo civilizado, le acompaña una lucha paralela en el campo ideológico, entre los pensadores, los escritores y los artistas al pago directo o indirecto del capital y el creciente grupo de pensadores, de escritores, de organizadores y artistas obreros cuyo sólo pago es el roten[1] de la policía, el presidio, la horca y lo que más duele, la incomprensión y el miedo, el insulto y la duda de gran parte de esa misma masa que—porque no se ha libertado aún de las cadenas mentales que la clase opresora colocó en sus cerebros a nombre de "educación"—continúan haciendo causa común con la clase que les oprime y creyendo a pie juntillas toda la propaganda clasista, que en las aulas donde fuimos nosotros y donde enviamos a nuestros hijos, pasa por ciencia y por historia.

Y estos párrafos que preceden, que serán tachados—lo sabemos—como vulgar propaganda izquierdista y como una digresión del tema que nos ocupa hoy por aquellos que nunca tildan de propaganda el veneno fascista de la Falange y su Concejo de Hispanidad con su alta sede en Berlín; estos párrafos repetimos tienen como propósito solamente presentar el paralelo que existe entre las fuerza que forcejean por sofocar los movimientos de liberación nacional y por una verdadera democracia industrial en todo el mundo, y las fuerzas contrarias que apoyan la absoluta independencia de todas las colonias, y la guerra abierta contra toda clase de opresión y explotación humana. Estas dos fuerzas, la una medieval y obscurantista que culmina en el nazifascismo y la otra progresista y democrática en el más desarrollado sentido de este vocablo que culmina en Wallace y en Willkie, en Boverbrook en Beverige, en Litvinoff y Stalin se encuentran hoy otra vez frente a frente en el caso de Puerto Rico y de todas las demás colonias que claman por su completa independencia.

Puerto Rico fue, es y continuará siendo un país de orden, no importa la propaganda de los intereses que lo quieren hacer aparecer de otra manera. En Puerto Rico, por ejemplo, no se ha linchado aún un hombre por el mero hecho de que tenga la tez de otro color. En ningún pueblo de Puerto Rico se ha reunido lo mejor y más granado del mismo para cubrir de alquitrán y de plumas a un hombre indefenso y dejarlo tendido en una solitaria carretera. El fanatismo religioso no se conoce en nuestra isla y el prejuicio racial, que hoy existe, es importado de los Estados Unidos. Véase sino la división de los soldados en regimientos blancos y de color en Puerto Rico. Y, ya que

---

[1]Verbo rotar usado en el imperativo formal, ¡circulen!

hablamos de soldados, debemos recordarles también a los que auguran el desorden y las revoluciones continuas en Puerto Rico, que allí no han existido castas militares con bandos organizados en el ejército como en otro período presidencial en su afán de poder y de mando.

Que en el período de transición de la colonia a la República habrá más de un entorpecimiento, eso es de esperar. Todos los pueblos han sufrido no sólo entorpecimientos, sino tremendas revoluciones civiles hasta tanto ese pueblo no ha marcado con claridad su senda en la historia. Ríos de sangre corrieron en Estados Unidos entre sus ciudadanos del sur y los del norte durante la guerra civil para libertar a los esclavos negros.

Pero hablan de desorden y de anarquía aquéllos que se deshacen defendiendo un sistema de vida que sólo ha producido desorden y anarquía. ¿Qué es sino anarquía y desorden, un sistema que no puede emplear a todos los habitantes de un país a menos que no se produzca una guerra donde se matan millones de seres? ¿Qué es sino anarquía y desorden un sistema que tiene hoy mismo a la cuarta parte de una nación de casi dos millones de habitantes sin empleo y muriéndose de hambre?

Puerto Rico será el paraíso de los puertorriqueños, de todos los puertorriqueños. El pueblo, a través de sus líderes, reconocidos demanda la responsabilidad política, económica y social para poner en práctica ese paraíso.

"Somos muy pequeños para ser libres"

Otro de los muchos "argumentos" superficiales que oímos por esas calles, es que Puerto Rico es muy pequeño para ser libre.

Lo primero que se nos ocurre en contestación a este "argumento" es que los pueblos no se juzgan por la extensión física de sus tierras sino por la posición geográfica de la misma, los grandes hombres y las provechosas ideas que hombres nacidos en un país han aportado al pensamiento y a la acción universal, sobre todo, a la clase de pueblo con que cuenta la nación a la que nos referimos. Así Grecia por ejemplo, con ser tan pequeña en terreno, fue, es y continuará siendo una de las naciones más grandes en todos los sentidos verdaderos de la grandeza. Su posición geográfica en el mismo centro de todas las corrientes de comercio y civilización antigua, los hombres cumbres de cuyos cerebros observadores del medio ambiente helénico emanaron casi todas las ideas fundamentales de todas las ciencias y las artes modernas. El pueblo griego que desde las Termopilas hasta la reciente invasión nazi ha escrito páginas de insuperable heroicidad, ha dado el derecho a Grecia de ser llamada uno de los más grandes pueblos de la tierra. Hay otros muchos ejemplos como el de Grecia.

La posición geográfica de Puerto Rico es envidiable. Está en el mismo medio de dos inmensas corrientes de civilización: la anglosajona y la hispánica o la síntesis cabal de tres culturas y tres razas. Si Puerto Rico luchara por ser un pueblo pequeño no podría serlo; su posición geográfica en el mapa de América se lo impediría. La futura república puertorriqueña, por su posición en este mapa, será un gran centro marítimo y aéreo cuya cultura propia será ampliada y enriquecida día a día por el pensar y el sentir del mundo que pasa por su cielo y por sus puertos.

Y esta cultura propia puertorriqueña no ha de perder su carácter autóctono, sino que crecerá como creció la de Grecia dando a Egipto y a Roma sus conocidas aportaciones helénicas en el arte y en la ciencia.

Tenemos que estar completamente ignorantes de las restricciones que la colonia impone en el cuerpo y el alma colectiva de un pueblo para negar que el no ser libre, soberano e independiente es la causa

principal de no habernos podido desarrollar comercial y cultural-
mente, de que no ha habido un verdadero florecimiento cultural nuestro en la isla, de que nuestros grandes pensadores, oradores y hombres
de ciencias: Hostos, De Diego, Bentances, Sthal,[1] no sean mejor
conocidos ni por los puertorriqueños ni por los extranjeros. De que
artistas como los hermanos Figueroa, cuyo Quinteto es comparado
con los mejores de Europa y América, no hayan tenido una más
calurosa acogida por la crítica. Venían de una colonia.

Hay a lo menos seis repúblicas hispanoamericanas, firmantes de
la Declaración de las Naciones Unidas que son mucho más pequeñas
que Puerto Rico. En Europa, Andorra, Luxemburgo y Suiza, reconocidas todas como naciones, son también mucho más pequeñas que
nuestra isla. Podríamos citar otras. En la familia de los estados fede-
rados de los Estados Unidos de Norte América se encuentran estados
como Rhode Island y Connecticut, que tienen menos extensión te-
rráquea que Puerto Rico. Así es que la extensión terrenal no viene al
caso para poder aspirar a ser una nación. La posición geográfica, sus
hombres y sus ideas, la influencia e importancia en la política internacional y sobre todo la grandeza, los deseos del pueblo para ser libre
es lo que decide si una nación debe o no tener su independencia.

Sobre todo los deseos y aspiraciones del pueblo: y el pueblo puertorriqueño—no importa lo que digan los "pitiyanquis" boricuas doscientos por ciento americanos—quiere la independencia completa y absoluta de Puerto Rico.

---

[1] Agustín Stahl (1842–1917). Puertorriqueño graduado de la Universidad de Praga.
Cirujano y profesor de historia natural.

Ya tenemos un coro de voces puertorriqueñas

¿Cómo le gustaría a Ud. oír cantar el *Lamento Borincano* por un coro de voces puertorriqueñas, acompañado de un buen grupo de instrumentos de cuerda en el mismísimo medio de Madison Square Garden con veinte mil personas oyendo sentadas, la famosa canción de nuestro Rafael Hernández? Pues lo oirá Ud. el próximo domingo 23 del corriente, además de la exposición corta y simple del tema de la independencia a Puerto Rico. Todo esto, en un inmenso desfile de las diferentes culturas de los varios grupos nacionales que residen en Estados Unidos. La base ideológica de este gran acto será el ya famoso discurso del Vice Presidente de los Estados Unidos de Norte América, Honorable Henry Walllace, conocido por *El Siglo del Pueblo*.

Se podrá oír la voz de Puerto Rico el próximo domingo en el "Garden" gracias a los esfuerzos de una institución fraternal obrera, la "International Wokers Order", mejor conocida entre los hispanos por la I.W.O. La Orden Internacional de Trabajadores, bajo cuyos auspicios se ha organizado este coro del pueblo puertorriqueño a la vez que el gran festival mañana domingo 23 de mayo por la noche en Madison Square Garden, sufragó los gastos iniciales, abrió las puertas de sus logias para los ensayos y envió organizadores sobre cuyos hombres depositó la responsabilidad de llevar este grupo coral boricua al gran estadio de la Octava Avenida y la calle cincuenta.

El "Puerto Rican People's Chorus", respaldado como está por la más grande organización fraternal obrera en este país, no puede sino honrarse llamándose un coro de obreras y obreros de la fábrica, el taller y la oficina. Es por eso que este coro, en su repertorio, favorecerá las canciones que expresen el sentimiento y la idea de la nación puertorriqueña, luchando por su libertad y los sentimientos, las ideas y el camino a seguir por la potente clase trabajadora que se levanta pidiendo la destrucción del nazifascismo y la construcción de un mundo para todos.

Aquéllos que, escondidas aún tras la carcomida frase del "arte por el arte", se oponen a que el arte se utilice en su máximum para ganar los derechos de los pueblos oprimidos y la lucha contra el fascismo son (aunque a veces ellos mismos no lo admitan), básicamente fascistas y gritarán que estamos usando el coro para propaganda. Contestémosles a esos adoradores de la hueca palabrería que en toda la historia del arte y de la literatura no se ha producido ni una obra ni un libro que valga la pena que no haya sido propaganda en pro o en contra de algo.

Pero esto es un tema para otra columna.

Un nuevo certamen

Por fin se ha organizado un certamen que me gusta. Un certamen de algo que habla a mi alma puertorriqueña y me hace visionar agradablemente los "atrechos" y las hondonadas de mi isla querida, el bohío desafiando al precipicio; el jíbaro-espina dorsal de mi patria— "cantando así, diciendo así" por el eterno camino de nuestras esperanzas . . .

Por fin un concurso puertorriqueño sobre una cosa puertorriqueña. Y lo tuvo que organizar Luchadores del Porvenir, logia 4840 de la I.W.O. en Brooklyn, una de las organizaciones más puertorriqueñas y que ha contribuido ideas más originales y netamente boricuas en nuestras luchas por organizarnos. "Y la organización, la disciplina y el método"—lo dijo un gran líder puertorriqueño una noche en los mismos salones de esta sociedad—"es el único camino hacia la libertad".

Pues, como decíamos, en este país de los concursos, no se había organizado uno aún de la naturaleza del que nos ocupa hoy. Todos hemos oído sobre certámenes de bañistas, de bailadores, concurso de comedores de "pie"; pero nunca habíamos oído hablar sobre un certamen de cantadores de décimas jíbaras.

Debemos todos los puertorriqueños de Nueva York dar un voto de gracias a Luchadores del Porvenir. El gran problema nuestro en Estados Unidos es el atrevernos a continuar siendo puertorriqueños. Por encima de todo el casimir fiado y de toda máquina de lavar y refrigeradoras a plazos, debe de continuar imponiéndose nuestra personalidad como puertorriqueños. Cuando a Ud. comienza a gustarle más una Coca-Cola que un mabí frío o una horchata de ajonjolí o cuando a Ud. comienza a saberle mejor un "rice pudding" que un "cospé" de arroz con coco hecho con azúcar prieta, Ud. está en un grave peligro de perder vuestra puertorriqueñidad. De ahí a afirmar de que se siente más placer bailando un "fox trox" que una pieza de Rafael Hernández no hay nada más que un paso. Y un elemento que baile mejor un "fox" que una pieza de mi amigo y compatriota Rafael Hernández, no se le puede hablar de Juan Morel Campos, el que cristalizó para siempre toda la gracia de la mujer boricua del siglo diecinueve en una serie de inmortales danzas; no se le puede hablar ni de la poesía de Gautier ni del Río de la Plata, ni del Yunque de Luquillo, ni de Las Vegas de Comerío. Es un pobre diablo que, en su fanatismo por la americanización mal comprendida, cree que un "sandwich" de jamón sabe mejor que un plato de arroz con gandules.

De ahí la tremenda importancia del certamen de cantadores de décimas que ha organizado Luchadores del Porvenir Puertorriqueño, para mañana domingo 30 de mayo, a la siete y media de la noche, en sus salones del 1050 Broadway, Brooklyn. Estos puertorriqueños se atreven a seguir siendo puertorriqueños: puertorriqueños de la décima jíbara, el pantalón de drill y el tiple a la espalda. Puertorriqueños que no se avergüenzan de ser lo que son o como son: puertorriqueños.

Dos notas en el programa impreso para esta fiesta típica son dignos de atención. La primera dice: un jurado competente conocedor de la música puertorriqueña y de nuestras costumbres adjudicará los premios. La segunda dice: el festival tiene el fin preponderante de mantener lozana la idiosincrasia puertorriqueña en el corazón de nuestra colonia.

Y demás está decir, que habrá también una música criolla que, según el programa, promete deleitar a la concurrencia con música brava para bailar "jasta que amanezca".

Y al que no le guste así, es porque se está "americaningando" paulatinamente, bailando en uno de esos sitios en donde "se reservan estrictamente los derechos de entrada".

La decisión, lector, la dejo en sus manos.

Yo vi una gran película

Las películas, como los hombres, se conocen por la clase de enemigos que hacen. De manera pues que una película que tenga el poder de captarse la enemistad del Ejecutivo Nacional del Partido Republicano de los Estados Unidos de Norte América, una película condenada por todas las organizaciones estilo Ku Klux Klan, que amenaza con quitarles el pan a todos los escritorzuelos que, por los últimos veinte años han estado viviendo de las mentiras sobre Rusia que gustosamente le compraban las revistas de gran tiraje, una película alrededor de la cual se han arremolinado en furioso ataque todos aquellos elementos que están en contra de un mejor entendimiento entre las Naciones Unidas, una película que ha hecho a todas aquellas fuerzas sociales que atacan la Carta del Atlántico[1] y todo lo que ésta representa para todas las colonias del mundo, se pongan de acuerdo en un gigantesco esfuerzo para desacreditarla y vedar sus anuncios hasta de los vagones en los trenes subterráneos, es porque la cinta cinematográfica en mención traerá un mensaje y una esperanza para todos los oprimidos y desilusionados de la tierra. Y que el pueblo reciba esta mensaje y lo comprenda, no le conviene a todos los opresores de la tierra.

La cinta a la que nos referimos se llama "Mission to Moscow", (Misión a Moscú), y está basada en la celebre obra del mismo nombre escrita por el ex-embajador de Estados Unidos a la Unión Soviética, Joseph E. Davies. La "Misión a Moscú" es importante porque por primera vez se ha dicho la verdad en el cinematógrafo sobre ese gran país que ha asombrado al mundo con su organización interna y con su

---

[1]Declaración firmada por Winston Churchill, primer ministro de Inglaterra y Franklin Delano Roosevelt, presidente de los Estados Unidos en el 1941. Entre los principales contenidos están: 1. Ni Gran Bretaña ni Estados Unidos buscan ningún engradecimiento territorial o de cualquier otra clase; 2.Tampoco desean ningún cambio territorial que no sea producto de la expresión libremente expresada por los pueblos respectivos; 3. Respetarán el principio de autodeterminación de los pueblos en cuanto a la selección de forma de gobierno que ellos elijan; 4. Tratarán que todos los países, tanto vencedores como vencidos en la segunda guerra mundial, puedan obtener en iguales condiciones las materias primas que necesiten y que tengan acceso al comercio internacional para su desarrollo económico; 5. Se debe abandonar el uso de la fuerza y se debe propiciar el desarme, para evitar toda amenaza a la paz. Etc.

gran ejército: la unión de las Repúblicas Soviéticas Socialistas, comúnmente conocidas por la Unión Soviética o solamente por Rusia.

Tanto el libro como la cinta contienen muy sabias lecciones para todos aquellos interesados en la liberación de los pueblos y en la creación de una sociedad más perfecta.

Nos enseña en primer lugar cómo es que el nazifascismo crea una Quinta Columna dentro de una nación buscando los elementos envidiosos con ansias de poder personal, comparando a los pervertidos para los cuales el dinero es la meta de todas sus aspiraciones, uniendo estos bandos para desacreditar, y asesinar a los líderes nombrados por el pueblo. Se ve la Quinta Columna en acción saboteando todas las industrias y confundiendo a la masa. Vemos también los métodos usados por la Unión Soviética para extirpar esta serpiente del señor del pueblo y para cortarle la cabeza. Sale en la pantalla uno de los juicios y las figuras de los que ayer, no más, tenían a su cargo delicadísimas tareas y notamos también como, a medida que el fiscal presenta las pruebas irrefutables contra éstos, como estas grandes figuras de ayer se transforman en traidores despreciables de todos los más altos ideales de la humanidad. Este pasaje de la cinta solamente, nos enseña entre otras cosas, que los líderes no deben ser juzgados por los grandes actos de sacrificio y valor que hicieron en el pasado sino por los actos de sacrificio, valor y devoción a la causa que están haciendo AHORA y que están dispuestos a llevar a cabo mañana. El líder no puede descansar sobre los laureles que el pueblo le otorgó ayer. El líder debe ser el más alto exponente de su ideal en todos los minutos de su vida, presto siempre a todos los sacrificios y a todas las renunciaciones de beneficio o gloria personal, pensando siempre, por encima de todo, en el beneficio, y la felicidad de la masa.

Que la película pone de relieve y contesta maravillosamente todas las mentiras que se han dicho sobre la Unión Soviética durante los últimos veinte años, es una verdad. Tiene otras múltiples lecciones saludables para todos nosotros. Pero el mero hecho de que todos los elementos reaccionarios de los Estados Unidos de Norte América y del mundo entero están meneando mar y tierra para desacreditar esta película—el mismo elemento reaccionario que está en contra de la política liberal progresista del presente gobierno del presidente Roosevelt, el mismo elemento reaccionario que no quiere que se le otorgue la independencia a Puerto Rico—eso es lo bastante para que todos los puertorriqueños y todos los demás hispanos y personas de todas las nacionalidades amantes de la libertad y la verdad vayamos con nuestros familiares y amigos a ver esta gran obra producto de la moderna cinematografía.

"Misión a Moscú", se exhibe en el teatro Holywoood, calle 51 y Broadway. No deje de verla. Es una guía para la acción.

Una palabra a los que están bien

Tú estás bien. Estás encantado de la vida. Tienes un buen empleo, un cómodo apartamento amueblado. Todos los muebles pagados, incluyendo el último modelo del radio más potente. Hace ya mucho tiempo que terminaste de pagar aquella vieja cuentecita en el "Personal Finance Corporation" y tienes toda la ropa, las joyas tuyas y de tu esposa fuera de la casa de empeño. Tienes tus "perritas"[1] largas en el correo y no le debes a nadie un centavo partido por la mitad. Al meterte la mano al bolsillo te sonríes con satisfacción porque tientas entre el índice y el pulgar de la mano, algunos billetes de banco que puedes malgastar a tu antojo sin que te hagan falta.

El sábado, allá por el atardecer, sales muy bañadito y afeitadito, con el traje que compraste últimamente a "marcar la varilla". Te paras en la esquina a envidiarles mentalmente las mujeres a los hombres que pasan con sus novias o esposas. Y luego de entrada la noche, a buscar la bachata,[2] el casamiento, el bautizo, o el baile. Y allá vas buscando como el perro de presa, todo lo que satisfaga a tus cinco sentidos. ¡Cómo te las vas a poner![3] Y bailas frenética y sudorosamente. Y tomas, no para alegrarte, sino hasta la saciedad.

Te levantas el domingo a las doce del día, le echas mano a cuatro aspirinas, abres la nevera en donde encuentras el vaso de jugo de china[4] que tu buena mujercita tuvo a bien prepararte la noche anterior y te pones a leer los "funnies" del *Daily News,* el periódico que, dicho sea de paso, es uno de los diarios más en contra de la política de Roosevelt, de los pueblos, las razas oprimidas y de los obreros en general.

El lunes, otra vez a trabajar y a esperar el próximo sábado para repetir lo mismo que hiciste el sábado anterior. El que te discuta que tú no eres feliz, que tú no estás completamente satisfecho contigo mismo, eres capaz de llamarle loco de remate. Mas yo me inclino en poner en tela de juicio tu felicidad. Tú estás bien hasta cierto punto. Y nada más. Tu norma económica de vida depende de muchísimas

---

[1]Centavitos, dinero.
[2]La fiesta o parranda.
[3]¡Qué borrachera vas a coger!
[4]Jugo de naranja.

cosas. De cómo se levante el dueño de la factoría en donde trabajas uno de estos días. Si le da por dejarte sin trabajo o por llevarse la planta para un lejano estado de la Unión, y por otra serie de actos y circunstancias que le han pasado a muchos otros que también se creyeron que iban a estar bien para toda la vida.

Pero eso no es todo. Aún completamente bien y puedes estar más o menos seguro de tu felicidad y norma de vida a la que están acostumbrados tú y tu familia, a menos que la norma de vida y la felicidad del grupo al cual perteneces no sean también tomados en consideración. Te mudarás de un barrio hispano para uno americano, comprarás una casa en lo más retirado de la colonia hispánica, tus amigos serán todos irlandeses y alemanes; pero en la mente de todos aquéllos de otras razas que te rodean y te tratan, continuarás siendo lo que es para ellos el grupo representativo de tu raza en el país en donde vives. Es como tratar de deshacernos de nuestra propia sombra. Es por eso que, cuando tú estás hablando en tono despectivo con los nuestros o con extraños sobre lo malo que pasa en tal o cual barrio en donde viven los tuyos, tú no estás sino haciendo como aquél que escupía para arriba.

Además, para estar verdaderamente bien, para poder ser feliz en la medida que se pueda ser feliz en este mundo, es necesario tener una conciencia de que se está viviendo para algo. Es preciso tener un ideal. Un hombre es como un barco sin vela. Los hombres sin ideales terminan por suicidarse, sino físicamente, espiritualmente. Un hombre, sin ideales está más amenazado por el vicio, y la maldad. Y la traición. Los hombres de ideales: Jesús, Lincoln, Lenin, Stanlin, Albizu Campos han resultado siempre ser más cuerdos que todas las personas "prácticas" que se han reído de ellos.

Tú con tu automóvil de segunda mano y tus "perritas" en el correo, que crees ser el dueño de la tierra, que dirás que todas estas cosas son "pamplinas" de idealistas y fracasados me querrás decir que si cualquiera de estos hombres que te acabo de nombrar hubiese optado por vender su cerebro y sus habilidades a los que explotan y oprimen a la humanidad, ¿no hubiesen estado cien veces en mejor posición de la que estás tú?

Tú que estás bien, que no estás con la causa de los oprimidos y explotados de Puerto Rico y de todo el mundo: que no estás con nosotros por miedo a perder la posición que tienes, recuerda que te llamamos hoy, que te lo decimos hoy. Mañana, cuando no haya nada que arriesgar será demasiado tarde.

John L. Lewis no es el héroe que quieren pintarnos

John L. Lewis, el hijo del minero Thomas Lewis, es hoy un gran héroe para la camarilla de reaccionarios que pasaron el proyecto de ley Smith-Connally en el Congreso de Estados Unidos—proyecto de ley que sólo le resta ser firmado por el presidente de Estados Unidos de Norte América para convertirse en la ley más destructora del movimiento obrero y de los derechos de los trabajadores en general. John L. Lewis, el ex-minero nacido en Lucas, estado de Iowa el año 1880, es hoy el niño predilecto de la Cámara de Comercio de los Estados Unidos y todos los intereses creados de la alta finanza en este país, los mismos intereses de alta finanza que han pauperizado y convertido a nuestro Puerto Rico en un gran yacimiento de azúcar. Lewis por un motivo y Wall Street por otro, trabajan con un mismo fin: desacreditar la política internacional y ciento por ciento contra el antifascismo del presente gobierno nacional de los Estados Unidos mediante la creación de la anarquía industrial a través de las huelgas; atisbar las demandas de los obreros por más altos jornales y mejores condiciones de vida—justas demandas—pero sin tomar en consideración por un segundo la tarea primordial del momento, cual es el ganar la guerra contra el Eje. Están con Lewis todos los elementos fascistas que dominan la alta banca aquí y que quieren que Alemania triunfe porque desean que las justas demandas de los obreros que Lewis presenta demagógicamente no sean satisfechas en beneficio de los trabajadores. Es así como Lewis sirve de "frente" obrero para el ala ultra reaccionaria—léase fascista—del elemento capitalista en Estados Unidos.

Lewis creyó poner al presente gobierno en una aplastante disyuntiva, enviando a la huelga al poderoso sindicato de mineros. Si el gobierno cedía a las demandas de los mineros, Lewis se presentaría ante la opinión pública estadounidense, como el gran paladín de los derechos de los trabajadores. Si, por el contrario, el gobierno enviaba tropas a las minas, ello crearía una tremenda ola de rencor y de odio contra el presidente y la presente administración, presentándosele así a Lewis la gran oportunidad de realizar su sueño dorado—fuente de su odio personal contra Roosevelt—ser considerado como posible candidato para la presidencia de los Estados Unidos. Este sueño dorado de Lewis puede muy bien convertirse en una terrible realidad, si consideramos que la alta finanza y todos los grupos estilo Ku Klux Klan, están buscando ahora mismo un individuo como Lewis, que pueda ser presentando a las masas como un elemento "liberal" y "progresista" que les pueda servir de instrumento.

Hitler fue el John L. Lewis del capitalismo alemán. Es por eso que la radio alemana presenta a Lewis como "el mejor amigo de los trabajadores en Estados Unidos".

Vemos así, como todo el elemento anti-pueblo, anti-ruso, anti-negro, anti-puertorriqueños, como todo el elemento reaccionario dentro del liderato de las uniones obreras están también con Lewis, William Hutchenson[1] de la Unión de carpinteros, David Dubinsky, presidente de la "International Labor Garment Workers Union", los "socialeros" de Norman Thomas y el ala conservadora del "Amerian Labor Party", presentan a Lewis como un mártir a la causa obrera y es hasta invitado a unirse a la "American Federation of Labor". Éste es el mismo elemento sindical que a iniciativa de Bolívar Pagán y Prudencio Rivera,[2] pasan resoluciones en las convenciones obreras nacionales contra las leves reformas de Tugwell en Puerto Rico. El mismo elemento que está en contra de la independencia completa y absoluta de Puerto Rico. Aquellos elementos bien intencionados puertorriqueños que están con las acciones de Lewis tratan de presentárnoslo como un gran héroe, solamente porque está en contra de la política y el gobierno de los Estados Unidos están llevando a un peligroso y confundido extremo para nuestra causa de liberación nacional puertorriqueña, su bien entendido rencor por la inhumana explotación que el capital financiero norteamericano ha llevado a cabo en Puerto Rico por más de cuarenta años.

---

[1]Presidente de la Unión de Carpinteros y postulado como vice-presidente del partido republicano.

[2]Bolivar Pagán y Prudencio Rivera. Líderes socialistas de Puerto Rico. Bolivar Pagán (1897–1961). Partidario del movimiento que apoyaba la unión de Puerto Rico con los Estados Unidos. Junto a Santiago Iglesias apoyaron en 1922 al controversial gobernador de Puerto Rico Montgomery Reilly en un acto celebrado en el Harlem Terrace, recibiendo grandes críticas de los grupos socialistas puertorriqueños de Nueva York.

Como hemos creído probar en los párrafos anteriores, Lewis está con todos los enemigos de los trabajadores, de la democracia y de Puerto Rico. Nosotros tenemos que estar con todos los amigos de los trabajadores, de la democracia y de Puerto Rico. La alta finanza ha cogido a Lewis el "obrero", el "gran luchador contra el dictador de la Casa Blanca" para, a través de Lewis, destruir el grado de democracia de que aún gozamos exagerando las debilidades que todos sabemos que existe en esta democracia y que estamos tratando de curar mediante esta guerra contra el nazifascismo. Táctica puramente fascista.

Probemos que nosotros sabemos más que esto, dejando desde hoy de presentar a John L. Lewis como un héroe. Presentémosle como lo que es: el "stooge" obrero de la reacción y el nazifascismo en Estados Unidos.

¡Cuidado, Harlem!

La Quinta Columna está jugando su última carta en Estados Unidos. A medida que ven que se acerca la hora de la invasión de Europa mediante un segundo frente por fuerzas inglesas y americanas, la sistemática y bien pensada conspiración de todas las fuerzas antidemocráticas contra un esfuerzo unido para ganar la guerra, se está viendo cada día más clara. No es un acidente que diecisiete jóvenes mexicanos, jóvenes con trajes estilo zoot suit—estén hoy sentenciados desde seis meses hasta cadena perpetua tras las rejas de San Quintín en California. No es un accidente que sólo hace unos días se suscitara un motín entre otros jóvenes que gustan de esta moda de trajes y los marinos y soldados en California. No es un accidente que en astilleros y plantas de guerra, miles de millas de retirados los unos de los otros, hayan comenzado estas luchas raciales entre blancos y negros bajo la influencia del Ku Klux Klan, que sabe usar de la ignorancia y las emociones más bajas. En los astilleros de Mobile, Alabama, se para la producción de barcos por algún tiempo cuando, alrededor de seis mil obreros de la raza de color, tienen que quedarse en sus casas temiendo ser atacados. Lo mismo pasó en Newark, New Jersey y en Beaumont, Texas. ¡Mientras estoy escribiendo estas líneas los muertos en Detroit, en su mayoría de la raza negra, amontan a veintinueve! Veintinueve vidas que pudieron hacer batante daño al Eje en la línea de fuego o en la no menos importante línea de producción de materiales de guerra. Según la prensa, alrededor de ochenta por ciento de los obreros de color en las plantas de defensa de Detroit han optado por quedarse en sus hogares hasta que pase la ola de terrorismo fascista en aquella ciudad. ¡Imagínense la pérdida incalculable en la producción de municiones e instrumentos de guerra!

Sería ser muy inocente, si no podemos ver detrás de todos estos problemas raciales, detrás de todos estos esfuerzos de John L. Lewis por dejar sin carbón las grandes fundaciones de acero y el país en general, detrás de los reaccionarios de ambos altos cuerpos legislativos de esta nación por constituir en leyes proyectos como el Smith-Connally por destruir las agencias del O.P.A. y el O.W.I., un gigantesco esfuerzo de todas las corrientes que constituyen la Quinta Columna, para zampar el país en la más tremenda desorganización y anarquía.

Es muy fácil para un hábil embaucador diestro en el manejo de tres o cuatro frases emocionales el convencer a un negro americano que mejor suerte tendría dominado por sus "hermanos" los japoneses. Como sería también muy fácil para un embaucador boricua, consciente o inconscientemente trabajando para el Eje, aconsejarnos con tres o cuatro parrafadas fogosas llenas de verdades a medias y odios mal escondidos que nosotros también debemos ayudar en acabar de hundir en la anarquía, en esta histórica hora para todo el mundo, a los Estados Unidos. Los que tal hicieron no tan sólo estarían hablando en contra de los Estados Unidos y las Naciones Unidas, sino también en contra de la nación puertorriqueña que aspira, libre y soberana un día no muy lejano a ser parte igual en derecho y responsabilidades de tal grupo de naciones democráticas.

Bajo esta imperfecta democracia que tenemos en el mundo dominado aún por el Eje, se puede publicar este periódico y demandar libertad desde una tribuna. Francia, Bélgica, Polonia hablan por sí solas y nos dicen lo que sucede cuando el fascismo domina una nación.

La composición racial en Harlem, negros, italianos, hispanos, junto con la falta de claridad en cuanto a las verdaderas causas de estos motines que existen entre muchos sectores de los habitantes; la influencia del fascismo entre los italianos, de la Falange y el Sinarquismo entre un grupo pequeño, pero muy activo de hispanos, la confusión ideológica que se nota entre muchos puertorriqueños bien intencionados, pero que no acaban de comprender quiénes son sus aliados y amigos y quiénes sus enemigos en la causa por la independencia de Puerto Rico, son pequeñas chispas que pueden muy bien ser convertidas en fogata por un diestro agitador del Eje.

¿Cuáles deben de ser nuestras tareas inmediatas? Continuar luchando conjuntamente con las demás fuerzas sindicales y progresistas de Estados Unidos porque se haga ley el proyecto contra el "Poll Tax" presentado por el representante Vito Marcontonio, ya aprobado en el Congreso, luchar porque sean leyes todos los proyectos contra el linchamiento y el antisemitismo. Hacer que se persiga y destruya todas aquellas sociedades o individuos que tengan relación alguna con grupos quinta columna. Ayudar las uniones obreras a derrotar el "Smith-Connally Bill" escribiendo al presidente de Estados Unidos para que no firme dicho proyecto, y seguir demandando a toda voz y en todas partes la independencia ahora para Puerto Rico, no sólo como una medida de justicia para nuestro pueblo puertorriqueño, sino como tremendo medio de ganar la guerra sobre el fascismo dando un ejemplo objetivo AHORA de lo que ha de significar la posguerra para todos los pueblos oprimidos de la tierra.

Para ganar la guerra y la paz, la justicia social y económica y la independencia para Puerto Rico y los demás pueblos, no caigamos en la nasa que nos extiende el Consejo de Hispanidad de Berlín. No hagamos causa común con los que hacen esfuerzos porque gane el nazismo, atisbando prejuicios raciales y saboteando el esfuerzo para la producción de instrumentos de guerra. Veamos quiénes son nuestros amigos y nuestros enemigos en Estados Unidos. Cuidado, Harlem.

Pudiésemos tener una gran sociedad

Pudiésemos tener una gran sociedad. Una institución que fuera el orgullo de todos los boricuas en los Estados Unidos. Una sociedad que llenara todas nuestras necesidades económicas, sociales, culturales y políticas. Necesidades políticas en la más amplia significación de esta palabra. Si solamente cien mil de los doscientos mil puertorriqueños en la ciudad de Nueva York pudieran convencerse para que ingresaran en una organización que tuviese su propio seguro, su fondo de dietas de enfermedad; una organización que pudiera aspirar a tener con el tiempo su propio edificio: una sociedad que con el tiempo pudiese extenderse hasta Puerto Rico mismo, muchos de los problemas que parecen no tener solución, se resolverían por sí propio con una gran sociedad puertorriqueña de esta naturaleza.

¡Qué cosas no podríamos hacer! Cien mil boricuas que contribuyeran con un peso de cuota mensual serían cien mil pesos al mes. Si conseguir cien mil puertorriqueños parece muy difícil, bajemos el número a cincuenta mil o a veinticinco mil. Aún así sería una fuerza respetable organizada de puertorriqueños con bastante poder económico a su disposición para poder hacer grandes cosas.

Lo que se puede pensar se puede llevar a efecto. Esta clase de institución puertorriqueña se ha ideado anteriormente. No es una cosa nueva. Todos los veteranos con más de veinte años en la ciudad de Nueva York podrían citar una docena de esfuerzos. Lo que quizás no se podría hacer es una docena de análisis explicando el por qué estos esfuerzos por organizar a la colonia puertorriqueña en gran escala han sido hasta hoy infructuosos.

Sugerimos que un día, una docena de estos veteranos sinceros de la lucha por la organización de los puertorriqueños en Nueva York— veteranos que saben quién es quién y de "que pata cojea" cada títere con cabeza en esta gran urbe—se siente unos días alrededor de una mesa redonda a estudiar detenidamente todas las fallas hechas en el pasado haciendo a la vez una especie de lista de recomendaciones para corregir las mismas. A base de un estudio de esta naturaleza, estamos seguros que se podría llegar a formular un plan de trabajo basado en la experiencia, en la honradez y prestigio de las personas que tomen parte en el mismo, casi a prueba de futuros fracasos.

Que en una potente organización de masas de esta naturaleza tratará de colocarse el elemento que le gusta vivir del prójimo, dado a la "cojioca"[1] y a votarse salarios exorbitantes, eso lo sabemos.

Estos elementos podían colarse anteriormente en las organizaciones fundadas en el pasado porque aún la colonia no estaba madura, no tenía la experiencia ni había desarrollado el movimiento de masa consciente que tiene hoy día. Hoy se le haría mucho más difícil a estos elementos el colarse en una sociedad de esta clase y llegar como llegaban antes hasta posiciones de responsabilidad.

El grupo puertorriqueño en la ciudad de Nueva York ha crecido enormemente. Nos enfrentamos hoy ante problemas que significan muy bien nuestra vida o nuestra muerte como nación y como pueblo. Una poderosa organización de masa puertorriqueña bien dirigida material e ideológicamente es una necesidad. ¿Qué dicen los veteranos sinceros y honrados que aún siguen luchando y creyendo en el pueblo después de tantas desilusiones y tantos desengaños? ¿Qué dicen los jóvenes militantes y activos con una mayor claridad de los problemas de hoy, que comenzaron a luchar ayer? Tienen Uds. la palabra.

---

[1]Malversación de dinero.

Mi barbero y mi amigo

Hace más de treinta años que el mismo barbero me recorta el pelo. Niño aún en nuestra isla lejana, me llevaron donde él y me sentaron en una de esas medias sillas que sobreponen sobre el pesado sillón cuando trabajan en la cabeza de un balbuceante miembro de la niñez. Salvo un pequeño intérvalo de tiempo entre su emigración y la mía, él ha sido el dios soberano con derecho único y supremo para mandarme a hacer buche y para coger mi cabeza a su antojo y colocarla en posiciones y ángulos risibles, desafiando todas la conocidas leyes de la geometría.

En mi adolescencia y durante mis primeros años de mi juventud, mi barbero y mi amigo, fue siempre el consejero y el amigo. A mis primeros arrebatos líricos a la novia de infancia, hoy la compañera de toda la vida, él, mi barbero, le puso música y al compás de su guitarra nos hizo canción. ¿Habrá algún barbero puertorriqueño que no sepa cantar, tocar guitarra o mandolina o planear una jugada de seis u ocho fichas en un hermoso tablero de damas?

Las horas tediosas de espera, cuando se están arreglando aquéllos que llegaron medio minuto antes que nosotros, para mí no son ni de tedio ni desesperación. Mi barbero sabe en lo que yo estoy interesado y lo que me gusta leer. Durante las semanas que no comparezco a someterme a su suprema autoridad, él ha acumulado para mí, tesoros valiosísimos de la prensa diaria, los semanarios y revistas en ambos idiomas y de ambos continentes. No tengo, pues, que pasar el tiempo leyendo manoseando periódicos con noticias antediluvianas que parecen ser parte integrante de todas las barberías. Para mí hay siempre en reserva un verdadero banquete epicúreo de sublimes delectaciones literarias y ensayos socioeconómicos de actualidad.

Porque mi barbero es una persona culta. Fue discípulo del insigne don Eugenio María de Hostos, aquella voz que quiso alzarse sobre el confusionismo del '98 para precavernos de la ilusorias y no cumplidas promesas del general Miles. Mi barbero fue amigo de Tomás Carrión Maduro, aquel mulato periodista múltiple, extraviado entre los vericuetos de un republicanismo sin república, hombre de interesante personalidad y de un tremendo memorión.[1] Cuando no hay que leer,

---

[1] Gran memoria o gran capacidad de recordar información.

me deleitan y me instruyen sus anécdotas sobre los hombres y medios hombres de nuestro reciente pasado histórico. Él como buen barbero, sabe muchas de estas anécdotas.

Pero hay una faz entre estas relaciones de amigo y de barbero que no podemos dejar de mencionar. Mi barbero es mi lector privado. En las noches de invierno, cuando la nieve incauta de las calles y aceras de la ciudad, se presenta siempre mi barbero, enjaulado en su abrigo becqueriano y tarareando como para calentarse, un trozo de alguna olvidada zarzuela. Él se las sabe todas. "¿Qué quieres que te lea?", me dice invariablemente. Recuerdo bien esta frase porque hace veinte inviernos que la estoy oyendo. Hace veinte años yo contestaba a esa frase ritual poniendo en sus manos "La Sonatina" de Rubén, una leyenda de Bécquer, un ensayo de Rodó, *La Charca* de Zeno Gandía. Y comenzaba él su lectura en su voz pura y clara sin exagerada afectación castiza: "La princesa está triste, qué tendrá la princesa". O "Era una inmensa pampa de granito".

Aún seguimos leyendo mi barbero y yo en las noches de invierno. A lo mejor del pasado pensamiento de la humanidad que ayer conocíamos se han añadido otras fuertes voces y conceptos. Hoy mi barbero me lee pasajes de, "El Papel del Individuo en la Historia", de Plejanov, de "Los fundamentos del Leninismo" de Stalin, algún ensayo de Marinello, alguna poesía de Nicolás Guillén, un trozo de "Victoria y Post-Guerra" de Browder maravillosamente traducido por Juan Antonio Corretjer. Y al decís: "Buenas noches" en el umbral de la puerta, enjaulado en el mismo abrigo becqueriano, mi barbero no tararea la zarzuela con que sublimaban sus desorientaciones nuestros llamados grandes hombres de ayer. Mi barbero se marcha, escalera abajo, tarareando alegre y esperanzado el himno internacionalmente conocido de la Unión de las Repúblicas Soviéticas Socialistas.

Mi barbero es la síntesis cultural de un pueblo en marcha. De un pueblo al que no se le pueden vender ya medias verdades; que no se deja subyugar ni por promesas vacías ni por dirigentes que no quieran o no puedan ponerse a tono con el pensar, el sentir y las aspiraciones de la masa. La masa es todo. Sólo la masa cuando la reconocemos como supremo tribunal, puede otorgarnos individualidad y prestigio. La historia contemporánea, especialmente, está llena de tristes figuras e ídolos caídos que no quisieron reconocer esta verdad.

Puerto Rico es también una nación

Una de las tareas que tendremos que imponernos todos los que escribimos o hablamos, es el repetir durante todas las horas del día y siempre que se nos dé la oportunidad, el hecho histórico, la verdad palpable que debiéramos de saber todos—y actuar de acuerdo—de que Puerto Rico es también una nación; o sea, "una comunidad estable, históricamente formada, de idioma, de territorio, de vida económica y de psicología, que se traducen en una comunidad de cultura",[1] según la moderna definición de este concepto.

Todos los puertorriqueños sienten su nacionalidad profundamente. Dígasele a cualquier puertorriqueño: "Qué eres tú, puertorriqueño o americano", e inmediatamente oiremos la respuesta: "Puertorriqueño". Si bien es verdad que el boricua SIENTE su nacionalidad, la mayoría de ellos no ACTÚAN esa nacionalidad. Unos por el casi completo desconocimiento de nuestra historia y de nuestra cultura; otros porque se han sometido, consciente o inconscientemente, por mucho tiempo, a la corrosiva influencia de una mal encendida americanización, adoptando al parecer todo lo malo y anti-puertorriqueño y desechando todo lo bueno, y hay bastante de lo bueno, que pudieron haber encontrado. Así tenemos la tremenda falta de cortesía que existe especialmente entre el elemento joven, amoldado a las costumbres que ellos llaman "modernas" y que debieran llamarse estúpidas.

Otros de los momentos en que no se ACTÚA como puertorriqueño es cuando se incitan odios y prejuicios raciales: odio y desprecio al judío, al negro, uno de los más monstruosos horrores en la tan cacareada igualdad constitucional del ciudadano dentro de la no menos cacareada democracia norteamericana. La terminación absoluta de estas diferencias raciales con sus nefastos resultados de linchamientos y crímenes coloniales, es uno de los objetivos fundamentales de esta guerra.

Si algo tenemos los puertorriqueños, los VERDADEROS puertorriqueños, superior a los norteamericanos, es la completa ausencia

---

[1]Definición literal de J. Stalin en *El marxismo y el problema nacional.*

de prejuicios raciales en nuestra personalidad como pueblo. El prejuicio racial que existe en Puerto Rico hoy, lo importaron los yanquis a Puerto Rico, junto con el absentismo que nos pauperiza, y el bilingüismo que nos embrutece. El prejuicio racial no es una característica puertorriqueña.

Así, cuando despreciamos o nos burlamos de cualquier persona por el hecho de que pertenece a otra raza, no estamos sino adoptando una conocida característica de un ciudadano de Georgia o de Alabama o uno de esos elementos que criminalmente abusaron de negros obreros en las labores de la defensa en la ciudad de Detroit. Ud. podrá persignarse todos los días frente a los retratos de los más puros paladines de nuestra personalidad puertorriqueña; pero si Ud. adopta modos y maneras contrarias a nuestra idiosincrasia en el curso de su diario vivir, Ud. no es puertorriqueño.

La puertorriqueñidad no sólo hay que SENTIRLA, hay que VIVIRLA. Hay que ACTUARLA. Actuemos como lo que somos, si es que lo somos: como puertorriqueños.

Hacia una gran institución puertorriqueña

Nuestra columna de hace varias semanas en donde presentábamos la idea de la organización de una sociedad puertorriqueña de varios miles de personas ha traído por carta, por teléfono y personalmente variados y confusos comentarios.

Todos los comentarios confusos cometen el mismo error original: el error de no querer reconocer, y si se reconoce se hace sólo en teoría, el hecho de que Puerto Rico ES una nación y de que por consiguiente, los puertorriqueños en Estados Unidos, tenemos no tan sólo el derecho, sino el deber de organizarnos en fuertes instituciones fraternales, sociales y políticas que expresen, defiendan y fortalezcan esta nacionalidad.

Muchos de los que nos han hablado personalmente comentando la columna anterior, reconocen la nación puertorriqueña en teoría y el derecho de los puertorriqueños allá en la isla a su nacionalidad. Pero cuando se confrontan con la idea de expresar dicha nacionalidad y organizarla objetivamente fuera de Puerto Rico, nos encontramos con que estas mismas personas que defienden el derecho de los puertorriqueños a ser una nación desde el punto de vista teórico, nos presenta toda clase de argumentos en contra de que esa nación puertorriqueña se exprese y se organice material y prácticamente en una fuerte y grande institución puertorriqueña.

Ellos argumentan de la manera siguiente: Los puertorriqueños son la base de casi todas las sociedades [dentro de] otras nacionalidades en la ciudad de Nueva York. Tanto en sus actividades sociales como en sus festivales bailables, el puertorriqueño predomina numéricamente. Por tanto, sería debilitar estas sociedades, ganarnos su antagonismo y destruir la unidad si los puertorriqueños persisten en organizarse separadamente.

Como esperamos poner en claro, hay en esa formulación de nuestros propósitos, una serie de errores fundamentales a la vez que no pocas malas interpretaciones.

Argumentamos desde el otro extremo: en todas las pequeñas sociedades puertorriqueñas que existen hay elementos de muchas otras nacionalidades hispanas. Comenzar a organizar grupos de estas nacionalidades no boricuas sería debilitar estas sociedades puertorriqueñas y crear antagonismos entre los borinqueños hacia estos otros grupos. Bien puede verse la base errónea de esta argumentación. Sencillamente se estaría violando el derecho que tienen los demás grupos hispánicos a expresar su nacionalidad de origen. Si esto es verdad en cuanto a cualquier grupo nacional, no importa lo reducido del número de personas que lo comprenden, podremos ver que es de igual urgencia y de mucha más importancia, política y socialmente hablando, que el grupo numéricamente más fuerte de la colonia hispánica en Nueva York, doscientos mil puertorriqueños, posean un fuerte instrumento social organizado, a través del cual no sólo puedan expresar sus ambiciones como pueblo, sino ayudar en mayor escala las ambiciones y las luchas de los demás grupos nacionales. De la misma manera, deben de hacerse esfuerzos por organizar una fuerte institución cubana, otra fuerte agrupación mexicana, y así con todas las demás nacionalidades que puedan contar con mil o más miembros de sus nacionalidades respectivas en una ciudad dada, en Estados Unidos. Organicémonos nacionalmente. Actuemos colectivamente en todos los problemas económicos y sociales que nos afecten a todos: a todos, incluyendo a las grandes masas de trabajadores norteamericanos. Un grupo de dirigentes de todas las nacionalidades hispánicas, que sepan que la nacionalidad no es el aislamiento ni la exclusión y que estén a tono con las grandes corrientes internacionales que afectan al mundo de hoy, no podrán dejar de reconocer la necesidad de que el puertorriqueño se organice como puertorriqueño en una gran institución boricua.

Estamos seguros, más bien, de que estos dirigentes progresistas de los demás grupos nacionales hispanos en Nueva York, le darían la bienvenida a una fuerte agrupación puertorriqueña dirigida por personas de visión internacional. La verdad es que no se puede ser internacional en el alto sentido de esta palabra hasta que no se comprenda la necesidad de reconocer la personalidad nacional de los diferentes cuerpos que han de componer esta internacionalidad. No cometamos el error de las derechas: erigir una muralla china alrededor de nosotros y no preocuparnos sino por lo nuestro, aislándonos completamente del resto del mundo. No cometamos el error de los que mal interpretan el rol de las izquierdas: olvidarnos por completo de que somos un pueblo y que, como tal, tenemos mucho de bueno que contribuir a la futura cultura mundial.

En la comprensión y complementación de estas dos corrientes, la nacional y la internacional, está la clave de un futuro mundo sin guerras devastadoras ni eternos odios y luchas internas.

El mundo avanza

Los últimos acontecimientos en Italia demuestran palpablemente que ha llegado el principio del fin para el nazifascismo. Todos los fines como todos los cambios tienen, sin embargo, su largo, despacio y muchas veces inadvertido proceso de desarrollo.

Durante este desarrollo de los acontecimientos previos al fin claro y palpable, se aprovechan los confusionistas, al pago de la reacción, para dividir al pueblo en múltiples bandos, con problemas subalternos y luchas secundarias a la lucha principal. Usan el rumor, el embuste, la calumnia, la falta de preparación y claridad política en gran parte de la masa, para que ésta continúe sirviendo inconscientemente los intereses de sus naturales enemigos.

Vimos como los confusionistas y anticomunistas, enemigos jurados de la Unión Soviética defendieron a "la pequeña e indefensa Finlandia" que siempre pagaba sus deudas al capitalismo internacional y a la que siempre le sobraba dinero para construir dos mil aeropuertos y una línea Mannerheim en su pequeño territorio con todos su cañones apuntando (¿para Alemania?), para la Unión Soviética que está dando hoy tan alta lección de heroísmo y de defensa de la democracia de todos los países del mundo ¡Que mucho tuvimos que argumentar contra el veneno antiruso y anticomunista inyectado por los agentes del fascismo en la mente del pueblo! ¿Recuerdan esos días? Hoy se ve claramente el rol de Finlandia con Alemania y contra las Naciones Unidas y lo que le hubiese sucedido a Leningrado si los rusos no hubiesen roto anteriormente la línea Mannerheim. Lo mismo con el pacto de no agresión ruso-germano que, entre otras cosas, dio oportunidad a Estados Unidos y a la Gran Bretaña a prepararse. ¡Qué de calumnias y de confusiones! Hoy podemos ver lo sabio de aquel paso dado por la Unión Soviética, para salvar de la bestia nazifascista a todos los demás pueblos de la humanidad! ¡Qué mucho hubo que hablar y qué explicar! Hoy millones de personas que estaban antes bajo la dominación mental de las prensa amarilla, de los fascistas enmascarados que se encuentran en todos los movimientos, de los secretos admiradores de Hitler y Mussolini, y del caudillismo en general, se han dado cuenta del intrínseco odio al pueblo de estos llamados mentores con despectivos aires aristocráticos.

El mundo avanza vertiginosamente. La lucha se agudiza más y más a medida que el fascismo, sus agentes y simpatizadores ven que se le llega la hora para su completa destrucción. Después que caiga Italia y Alemania, las fuentes ideológicas del mal del siglo, del resucitado concepto aristócrata y de la ridícula superioridad racial, nos encontraremos frente a nuevas situaciones quizás más delicadas para resolver y para comprender con claridad [que] los citados casos de Finlandia y el pacto de no agresión ruso-germano. La reacción y el fascismo nativos buscarán nuevos medios para ganar la guerra contra el progreso que perdieron con el campo militar. Desatarán una tremenda campaña anti-comunista, anti-rusa y anti "New Deal" en Estados Unidos. Y todo esto será hecho en nombre de la libertad de palabra y de culto: en nombre de los más altos ideales humanos que ellos mismos desean destrozar. Ya se pueden notar los síntomas de esta campaña en los organizados motines raciales, en las feroces y bien organizadas campañas antijudías en muchas partes de la nación norteamericana.

¿Estarás preparado, amigo lector, para hacer frente a esa campaña? ¿Para continuar tu fe en el heroísmo y desinterés de la Unión Soviética, la primera nación en donde mandan los trabajadores como tú? ¿Estarás preparado para contrarrestar el mismo veneno con que se han hecho ricos los Juan Valtins, Eugene Lyons y el dueño del *Reader's Digest?*

Los argumentos contra todas las fuerzas de claridad y de progreso dentro y fuera del país te lo presentarán con las palabras más bonitas del mundo. Sólo te aconsejo una cosa, lector: que recuerdes quiénes fueron los que te mintieron en cuanto a la "pobre y pequeña Finlandia", que recuerdes quiénes encumbraban a Chamberlain y condenaban el pacto de no agresión ruso-germano, que recuerdes quiénes fueron los que te llenaron la cabeza de basura en cuanto a la ineficiencia del Ejército Rojo y cómo los grandes generales alemanes iban a conquistar a toda Rusia en seis semanas. Recuerda los periódicos que te predicaban estos errores en sus columnas. Ésos serán los mismo periódicos, con sus mismos escritores que usará la reacción para volver a engañarte.

Como tú pienses, lector, durante los próximos meses: del lado que tú inclines tu opinión y tu fuerza organizada, depende mucho más quizás de lo que tú te figuras. Depende el futuro de Puerto Rico: el futuro del mundo. Porque tú, lector, eres el pueblo. Y el pueblo es la suprema fuerza.

Acto de presencia de estudio y de acción

Las otras noches estuvimos en una importante conferencia en uno de los grandes hoteles de la ciudad. Habían más de doscientos delegados representando otras tantas organizaciones. El tema principal de la conferencia estaba basado en lo más importante para la vida diaria de toda persona que vivía hoy en Nueva York. Entre los doscientos delegados sólo habíamos dos puertorriqueños.

Con frecuencia he notado este fenómeno. Estos comités de acción cívica, estas asociaciones progresistas para la lucha conjunta del pueblo, envían comunicaciones a todas las sociedades pidiendo que envíen una delegación o un representante. Sabemos todos cómo se tratan estas cartas pidiendo delegados para una conferencia en muchas de nuestras organizaciones. La carta llega hasta el secretario. Y allí se queda. Cuando el secretario se cansa de ver la carta rondando por el escritorio, toma la carta, la rompe en dos pedazos y sin más ceremonia, la echa al canasto de la basura. El secretario mismo se elige en arbitrio que decide si dicha carta tiene o no bastante importancia para ser leída a la directiva o en una reunión general de todos los miembros.

Cuando la comunicación pidiendo delegados que vayan a representar la sociedad en una de esas importantes conferencias pasa a ser leída en uno de los dos cuerpos mencionados, nos encontramos conque al pedir voluntarios para que vayan a representarnos, nadie levanta la mano. Se oyen las excusas más sensacionales. Se nos quiere hacer creer que las demás personas que van representado otras múltiples sociedades no tienen los mismos problemas. Y a fin de cuentas, son los mismos tres o cuatro, los mismos de siempre, los que podríamos llamar los delegados permanentes a todas las conferencias los que, habiendo perdido ya la esperanza de que alguien que nunca se ha prestado levante la mano, a ofrecerse voluntariamente, para que la sociedad no quede sin representación.

Cuando estos delegados permanentes a todas las conferencias no están presentes o cuando se les hace completamente imposible el no poder aceptar: el club o la sociedad que fue honrada con una invitación para resolver quizás un problema que afecta colectivamente a todo un distrito o a toda la ciudad, se queda sin una persona que haga acto de presencia, que interprete el problema a tratar de acuerdo como nos afecte a nosotros los hispanos y que forme parte de la acción conjunta, que se decida en dicha conferencia por mayoría de votos.

Que se llaman conferencias, asambleas y hasta congresos por personas que no tienen autoridad para ello o que quieren utilizar para sus propósitos personales la fuerza organizada de la masa, eso lo sabe cualquiera que haya estado organizando al pueblo siquiera por seis meses. Entra ahí en juego entonces al análisis político que puedan hacer los dirigentes de vuestra institución, el estudio detallado de los carácteres frente a la conferencia, las personas y las fuerzas sociales tras aquéllas que se han puesto para que den el frente y todas estas cosas, en relación a otros múltiples detalles que hay que tomar en consideración. Presentado este análisis a una asamblea general de todos los socios, estamos seguros que se votará en contra de que se envíe una representación.

Pero no estamos hablando de esta clase de conferencias. Nos referimos a aquéllas que se llaman por personas y grupos autorizados, para un fin de adelanto común reconocido a primera vista por todos. A esa clase de conferencias, nuestras sociedades no envían delegados. Se llaman conferencias hoy para tomar acción sobre el alto costo de la vida, sobre cómo regularizar las rentas de las casas, sobre cómo evitar disturbios como los que sucedieron la pasada semana en Harlem, sobre cómo organizar a los votantes en agrupaciones no partidaristas para derrotar a un enemigo del pueblo en los escaños del Congreso. Y la mayor parte de nuestras sociedades—esa es una verdad dolorosa que tenemos que admitir—brillan por su ausencia.

Nosotros no solamente somos puertorriqueños o pertenecientes a cualesquiera otra nacionalidad hispánica. Somos además habitantes de esta inmensa ciudad y, como tales, somos afectados quizás hasta en un grado superior por todas las fuerzas de explotación de abuso y de discriminación que afectan a los demás grupos raciales en esta misma ciudad. Ya que fuertes grupos de norteamericanos progresistas se organizan en grandes movimientos para protestar contra estos abusos y discriminaciones, lo menos que nosotros podemos hacer es enviar un par de delegados de cada una de nuestras sociedades cuando nos los pidan y que estos delegados hagan un informe de las decisiones en una próxima reunión general.

Haciendo acto de presencia en esta conferencia, aprenderemos mucho.

¿Aceptarás, lector, cuando te nominen mañana como delegado a una conferencia? Allá veremos.

Hace falta una estatua

Nueva York es la ciudad de todas las razas y todas las nacionalidades. Cada una vive en su pequeña parte. Uno de los verdaderos placeres en nuestros paseos dominicales es visitar estos barrios que han llegado a adquirir ya todas las características del país de origen. "Chinatown", la "Pequeña Italia" y el "Barrio Judío" por la calle de Delaney hacia abajo, son la desesperación de aquellos defensores de la idea del llamado "melting pot" que, por lo que parece, va a un fuego muy lento para unir completa y biológicamente todas estas razas en un tipo común.

Y en todos estos vecindarios de minorías o grupos nacionales, o muy cerca de ellos, se levanta siempre un monumento o una estatua de un gran hombre de la nacionalidad en cuestión, que recuerda al paseante las grandezas y valores espirituales de aquel pueblo.

En las fechas memorables en la historia de uno de estos grupos, se ve cómo miles de personas desfilan por frente a esas estatuas, cómo se organizan actos públicos llevando coronas de flores que son puestas reverentemente en la base de dichos monumentos. Y desde esa base, como desde la cúspide de una inmensa montaña de emociones, de recuerdos y de epopeyas, los líderes de esas nacionalidades se dirigen a su pueblo.

Nosotros también tenemos nuestro barrio puertorriqueño: nuestra "Pequeña Borinquen". Desde la calle novecientos hasta la ciento dieciséis y desde la avenida Lexington hasta la avenida Manhattan, está radicada la ciudad puertorriqueña de más habitantes en todo el mundo, incluyendo a Puerto Rico. Ciento cincuenta mil puertorriqueños viviendo en un radio de cien bloques cuadrados. Si añadimos aquellos otros boricuas que residen en otras partes de la ciudad, pero que no pueden pasar más de una semana sin ir a visitar "el barrio", veremos inmediatamente la importancia de que haya un monumento o una estatua de uno de nuestros grandes hombres a donde ir a rededicarse, a pensar alto, y a tomar nuevos bríos en nuestras horas de desilusión y decaimiento espiritual.

Yo tuve esa experiencia en el año 1938, cuando después de una ausencia de más de veinte años, visité a Puerto Rico. Me encaminé completamente solo hasta el viejo cementerio de San Juan. [Me paré] en la meseta que hay antes de la entrada y vi con los ojos de la niñez y del recuerdo a José De Diego uno de los grandes oradores de la lengua castellana, adornando con una sinfonía de palabras los restos de "Momo". Bajé luego por la conocida cuestecita que nos conduce a la bóveda que sirve como de arco al portón de hierro, atravesé el cementerio y me paré frente a la estatua de Gautier Benítez. Cuántas veces musité el famoso soneto escrito en la base de la estatua, no lo sé. Sólo el cielo y el mar rugiente estrellándose contra las viejas murallas fueron testigos de aquella rededicación del hijo por tantos años ausente hacia la patria querida:

Cuando no reste ya ni un sólo grano de mi existencia en el reloj de arena . . .

Y supe, al volver a subir la cuestecita del viejo cementerio, que más de veinte años de americanización y de ausencia en Nueva York, la ciudad ejemplo del progreso y la civilización estadounidense, no habían hecho mella en mi puertorriqueñismo.

Los puertorriqueños en Nueva York necesitamos también una estatua de un boricua ilustre hasta donde se pueda ir en peregrinación espiritual. ¿Por qué las sociedades constituidas puertorriqueñas no llaman a una reunión conjunta de todas las personas interesadas, se elige un comité de prestigio y se comienza este trabajo? Estoy muy seguro que tanto la colonia puertorriqueña como los demás grupos hispanos contestarán en masa a esa llamada.

Las películas de guerra y las películas cómicas

Pasaba las otras noches frente a un cine, a medida que la gente salía de la última tanda. "¡Guerra, guerra, guerra. Tanta película de guerra!" ¿Por qué no dar películas cómicas y de otros asuntos menos trágicos? comentaba una señora con un hombre que parecía ser su esposo.

Ésta es la opinión de muchas personas. Es sin embargo una opinión incorrecta y hasta peligrosa. Es como si el obrero que trabaja en una gran factoría que hace unos meses producía dulces de chocolate, pero que hoy produce balas, comenzara a decir: "¡Balas, balas, balas! ¿Por qué no más dulces de chocolate y dejar las balas para luego?"

El momento histórico de este país y el momento del mundo es la guerra. De quién gane esta guerra, de qué lado se inclinen nuestras energías y nuestras opiniones para ganar la guerra, hasta qué grado seamos nosotros inyectados en el odio común contra el fascismo, depende el grado de libertad que Ud. pueda tener en el futuro para ver películas cómicas y de asuntos menos trágicos cuando se haya acabado la guerra.

Si en vez de películas de guerra y asuntos—relacionados con la misma—se estuviesen produciendo películas cómicas para desviar al pueblo sobre la guerra, se estaría haciendo lo que algunos de los emperadores romanos de la antigüedad acostumbraba hacer para que el pueblo se olvidara de los problemas que más le afectaban directamente en el momento. Le daban circos y organizaban grandes fiestas bacanales públicas para que la gente olvidara.

Y así a través de toda la historia de la humanidad. Napoleón acostumbraba poner bandas de música en las esquinas de París para dividir la población y hacerla olvidar sus campañas de conquistas.

Es en vano tratar de escapar las tareas de lucha que el fascismo ha puesto frente a nosotros. Es como el padre de familia que trata de escapar sus obligaciones metiéndose en una taberna y gastando su salario semanal en bebida. Cuando pasa la borrachera todos los asuntos de familia de los cuales creyó escapar están en su hogar esperándolo y pidiendo una solución. Tratar de escapar de las realidades de la guerra por medio de películas que no nos hablen nada más que de amoríos y de ensueños es como si nos emborracháramos, creyendo que al pasar la enajenación causada por la bebida, Hitler se ha vuelo humano o que ha desaparecido.

Que es necesario la revista y la comedia corta para darle variación al programa, estamos muy de acuerdo, pero de ahí a que se tome la mayor parte del programa para ver a los dos cómicos tirarse "pies" el uno al otro cuando en ese mismo momento, a los esposos y a los hijos de muchas de las mujeres en el cine sentadas, le están tirando con afilados "pies" de acero, es una inconsistencia y una contradicción.

La vida no es toda Baile, Botella y Baraja.[1] La vida no es toda chiste y diversión. El fascismo y la guerra no son chistes. Ayudemos a terminar con ambos lo más antes posible, enfocando todos los minutos del día y todas nuestras energías hacia ese fin. Sólo así, podremos ver muchos seres queridos regresar al lugar. Sólo así podremos dedicar las energías que hoy damos a terminar con la guerra, a la tremenda tarea de implantar una paz y una democracia verdadera sobre toda la tierra.

---

[1]Referencia a las palabras famosas de Miguel De la Torre, gobernador español en Puerto Rico (1822–1835), quien proclamó que para gobernar en la isla sólo se necesitaba darle al pueblo las tres "B's": Baile, Botella, y Baraja. "Pueblo que se divierte, no conspira".

Está por nacer una sociedad
fraternal puertorriqueña

La gran sociedad fraternal boricua de ayuda mutua, con la que todos hemos soñado durante los últimos veinticinco años en la ciudad de Nueva York, está en vías de transformarse en una sublime realidad.

Trazar la historia de los esfuerzos hechos por los puertorriqueños para organizarse en una fuerte hermandad de ayuda práctica durante la pasada treintena de años, es triste y penoso. De 1912 a esta fecha, pueden enumerarse [por] los menos una docena de proyectos de organización en masa de los miles de puertorriqueños en la ciudad de Nueva York que terminaron en fracaso.

Podríamos analizar también la razón de estos fracasos: falta de planeamiento científico, a base de tablas de enfermedad y mortandad. Hombres sin prestigio moral que ignoraban los más elementales principios de honradez. El "compae y comae" [1] en la adjudicación de las dietas de enfermedad y otros beneficios y la tendencia de "proteger" en demasía los directores y sus familiares ignorando por completo los derechos de aquéllos que no pertenecían al "crowd".

Si bien es verdad que las razones enumeradas contribuyeron al fracaso de esos intentos, nos inclinamos a creer que esas no fueron las causas primordiales que contribuyeron a que desaparecieran dichas instituciones. La causa principal fue la falta de visión, el miedo de sus llamados "líderes" a las ideas progresistas o a toda idea nueva. La actitud vacilante y confusa de muchos de sus dirigentes que, esperando prebendas políticas de la democracia social en Puerto Rico, tenían que actuar siempre de una manera oportunista, vacilante y obscura, posición ideológica de este partido obrero llamado "socialista" que ha traído resultados tan funestos para España, Francia, Italia y Puerto Rico, por nombrar sólo varios países.

La nueva sociedad fraternal puertorriqueña comenzará exponiendo su posición clara y concreta sobre todas las más importantes cuestiones que afectan a la colonia en Nueva York y a la humanidad entera.

---

[1]Favoritismo entre un pequeño grupo: compadre y comadre.

Nada de vacilaciones. Nada de posiciones en medio del camino para atraer a todo el mundo y estar con todo el mundo. Asumiendo esa posición de estar con Dios y con el diablo a la misma vez, fue que Hitler, Mussolini y todos los vende pueblos y demagogos de la humanidad, han llegado al poder.

La nueva institución fraternal puertorriqueña, estará primordialmente basada en una clara y firme afirmación de la nacionalidad puertorriqueña: de nuestra lengua, de nuestra historia, de nuestra tierra, de nuestra cultura, de nuestras costumbres. En suma, de la necesidad y el derecho que tenemos los puertorriqueños a nuestra independencia. De la necesidad y el deber que tienen los Estados Unidos, y el por qué de la presente guerra de liberación nacional contra el fascismo, de que se le otorgue a Puerto Rico esta independencia. Ésa será la piedra angular de la nueva sociedad fraternal portorriqueña, que llevará por nombre uno de los más preclaros prestigios de la mente boricua y de la América latina y cuya primera logia, que ha de organizarse en Harlem, tendrá a su vez el nombre de una prestigiosa personalidad en la Historia de Puerto Rico. Los nombres serán prepuestos en la asamblea general de mañana domingo.

Y aunque parezca extraño a los que se empeñan en pensar superficialmente en esta nueva organización fraternal puertorriqueña, estará respaldada por los millones de dólares y los miles de socios de la orden fraternal obrera más poderosa y más verdaderamente americana que existe en los Estados Unidos. Verdaderamente americana decimos, si tomamos las gloriosas tradiciones revolucionarias y de liberación nacional de figuras como Patrick Henry, Thomas Jefferson y Abraham Lincoln.

Es por eso que tiene una importancia enorme, la asamblea que los miembros de la Sección Hispánica de la International Workers Order, han de llevar a cabo, mañana domingo, 29 de agosto, a las dos de la tarde, en los amplios salones de la Unidad Fraternal Hispana, 1360 y medio de la Quinta Avenida, esquina a la calle ciento trece. Todos los miembros hispanos de todas las logias han sido invitados. No faltes, si eres miembro de la I.W.O. podrás decirle mañana, con orgullo, a tus hijos, que tú estuviste en esa histórica reunión para la colonia puertorriqueña en esta gran ciudad.

Inscríbete, regístrate y vota

Sabemos todos los viejos argumentos en contra de inscribirse, enlistarse en un partido político y votar en los Estados Unidos. Conocemos muchas personas muy activas en el movimiento de liberación puertorriqueña para los cuales el votar en los Estados Unidos es, de acuerdo con su manera de mirar los medios de lucha, como si hubiesen renunciado al ideal de independencia. Podemos afirmar, si embargo que, desde que muchos han visto la fructífera labor que el representante Vito Marcontonio[1] ha desarrollado en el Congreso de Estados Unidos a favor de la independencia de Puerto Rico, una gran parte de los que así pensaban—elementos probados en cuanto al ideal de independencia de Puerto Rico se refiere—están utilizando esta nueva arma del voto, para reformar los Marcontonios en el Congreso y todos los cuerpos legislativos en la ciudad, el estado legislativo en la ciudad, el estado y la nación de los Estados Unidos.

Examinemos el problema desde un punto de vista práctico y realista. Todos los enemigos de Puerto Rico, todos los enemigos de nosotros que en la mayoría somos trabajadores o elementos de la pequeña clase media, usan el arma del voto para llevar al Senado y al Congreso de los Estados Unidos, los elementos más anti-Puerto Rico y más anti-pueblo que pueden encontrar. Los puertorriqueños enemigos de la liberación puertorriqueña—y hay muchos de ellos—unidos a los yanquis reaccionarios, están haciendo todo lo posible, no sólo porque no se le dé la independencia a Puerto Rico, conservándola siempre como la gran factoría de esclavos para la producción del azúcar, sino porque las condiciones de vida que existían antes de la guerra, la opresión colonial y las largas filas de hambrientos ex-soldados sin trabajos se pongan a vender manzanas como después de la primera guerra mundial.

Si todas las comisiones de vacilantes politicastros que vienen de la lista usan esta arma para confundir y ofrecer soluciones a medias en

---

[1]Líder de descendencia italiana que gozó de gran popularidad entre los puertorriqueños y otras minorías. Conocido como el "campeón de los pobres". Presentó en 1943 un proyecto para la independencia de Puerto Rico.

cuanto al problema de Puerto Rico, es tiempo ya de que aquéllos que no deseamos soluciones oportunistas, usemos el arma del voto en Estados Unidos para llevar al Congreso y a todos los cuerpos legislativos en donde se nos dé el derecho de votar, a los verdaderos amigos para la causa de Puerto Rico, para una sociedad sin desempleo y sin hambre, después de la guerra: tanto en Estados Unidos como en Puerto Rico.

Si miramos las próximas elecciones desde un amplio punto internacional, nos encontraremos con el problema de que, si no votamos TODOS en las próximas elecciones en el Estado de Nueva York especialmente, y si no estamos con las fuerzas que están ciento por ciento por ganar la guerra, por el programa de la Cuatro Libertades y por entendido con Rusia ahora y después de la guerra, nos encontraremos con un representante de las fuerzas ultra reaccionarias sentado en la Casa Blanca y, por tanto, con un elemento contrario a las justas demandas y aspiraciones de absoluta y completa independencia del pueblo de Puerto Rico.

Puertorriqueño de veras que lee esta columna y este semanario: ése es el problema. En Uds. está el asumir nuevas tácticas de lucha o en continuar aislados y débiles aferrados a una inacción política muy bonita pero muy contraproducente. Si todos asumiéramos esa posición no tendríamos hoy un Marcoantonio en el Congreso para presentar los proyectos de ley verdaderos sobre la independencia de Puerto Rico. Todos sabemos que hay partidos políticos en Estados Unidos que, no de palabra, ni de plataforma para pescar a incautos, sino de la acción diaria y continua por la independencia de todos los pueblos, y por la ayuda de sus líderes en sus más duros transes de dolor, han probado con hechos que sólo los que odian la verdad de los hechos quieren obscurecer que no sólo están por la independencia de Puerto Rico, sino por la libertad de todos los oprimidos. Hagamos que nuestro nacionalismo boricua se transforme en una poderosa fuerza en Estados Unidos, expresando este nacionalismo a través de los canales de estos partidos en las próximas elecciones en la ciudad y en el Estado de Nueva York. No sólo debemos de inscribirnos sino también enlistarnos en las filas de un partido. Al enlistarnos en un partido debemos de buscar aquél que mejor exprese y traduzca las ideas nacionalistas. El inscribirse para votar es una cosa. El inscribirse en las filas de un partido es otra. Ambas acciones son de vital importancia. Deben hacerse las dos el mismo día. Los días para inscribirse y enlistarse son septiembre 27 y 28 y octubre 2, 4, 5 durante la tarde a diez y media de la noche. Entérese de dónde queda el colegio de inscripción en vuestro vecindario, inscríbase, enlístase y vote. Si sabe Ud. elegir los partidos que mejor expresen el sentimiento de independencia puertorriqueña estará Ud. aliándose a poderosas fuerzas en Estados Unidos que también quieren la Independencia para Puerto Rico.

Nunca es tarde para ir a la escuela

Hoy, más que nunca, es de primordial importancia el pensar con claridad. Todas las épocas en la historia de la humanidad, han tenido sus pensadores y sus escuelas. Todas las épocas necesitan nuevos pensadores y nuevas escuelas que hayan sabido recoger la mejor de las edades pasadas, fundiéndolo e interpretándolo todo de acuerdo con el momento y los problemas que afectan el mundo moderno.

La "Workers School", Escuela Obrera, con sus salones en el número 35 E. 12 St. N.Y.C, es una de esas escuelas que ha sabido recoger lo mejor del pasado e interpretación de acuerdo con las necesidades ideológicas del presente. Tiene veinte años de haber sido formada y han pasado por sus aulas miles de estudiantes. Notamos por el catálogo que recibimos, que las clases del nuevo curso escolar comienzan el lunes 27 de corriente mes. Entre las asignaturas que pueden estudiarse allí, están las siguientes: Problemas de la presente guerra, Historia de las uniones obreras, Nuestros buenos vecinos de la América Latina, Cómo hablar en público, Reglas parlamentarias, El problema del pueblo negro en Estados Unidos, Periodismo obrero y cursos sobre idiomas. La escuela enseña estos cursos de nueve de la mañana a diez y media de la noche. Si hay un grupo de personas interesadas en una asignatura especial pero que no pueden venir a la escuela durante las horas mencionadas, la escuela está dispuesta a proveerles un maestro para cualquier curso que se deseé a cualquier hora del día o de la noche.

No es necesario pertenecer a un grupo o partido definido para poder asistir a esta escuela. No es necesario tampoco tener una educación avanzada. Van a ella blancos y negros, católicos, protestantes y judíos, republicanos, demócratas, socialistas y comunistas. El costo de cada curso es sumamente módico. Dos dólares y medio o tres dólares por todo el curso.

Hoy que existe una necesidad tan palpable de dirigentes con un conocimiento exacto de todas las corrientes de opinión, que conozcan la teoría y la práctica de organización; dirigentes con amplios conocimientos de la historia y tácticas de luchas del movimiento obrero, de los grupos nacionales y coloniales y de la verdadera historia del pueblo de los Estados Unidos. Es de absoluta importancia para nosotros los hispanos todos, de enviar, si es necesario, pagado por los fondos de la sociedad, unión o institución fraternal, por lo menos un individuo que tome siquiera un curso en esta escuela. ¿Cuántas veces no se ha encontrado Ud. en reuniones presididas por un compañero leal, inteligente y agradable, pero que simplemente no tiene ni la más remota idea de cómo dirigir una mesa, y preparar una Orden del Día? ¿Cuántas veces no ha salido Ud. de una reunión, a la una de la mañana, cuando pudo haber salido a las diez y media, si se hubiese tenido un 'chairman' que hubiese tenido un conocimiento elemental siquiera de lo que son reglas parlamentarias? Enviando pues, un par de compañeros a tomar el curso de reglas parlamentarias y asignándole la tarea de ir a la escuela, se podrían luego organizar clases en el seno de vuestro propio club. Y así con otras asignaturas de mayor importancia.

Los cursos no toman sino una noche por semana. Así que con sólo un pequeño esfuerzo un día o una noche por semana, podrá Ud. hablar con tanta claridad ideológica como ese compañero de taller que Ud. admira tanto.

Todos los cursos se dictan en inglés. Recomendamos especialmente para los "latinos", el curso titulado: "Our Good Neigbors in Latin America", todos los jueves por ocho jueves consecutivos, comenzando el jueves 30 de septiembre. El costo de todo el curso es de tres dólares. Cada uno de estos jueves oirá Ud. la palabra autorizada de un compañero prominente de Cuba, México, Argentina, Puerto Rico o cualquiera de las otras naciones de Hispanoamérica.

Invitaciones

Estoy por quedarme en casa un sábado o domingo, con mi familia y mis libros, mis libros y mi familia, diría mi buena compañera, desde hace no sé cuántos meses. El caso es que son tantas y tantas las invitaciones que recibimos y tantas las tareas que hay que llevar a cabo en estos tiempos en que lo más importante es ganar esta guerra, que uno no viene a su hogar sino a dormir un par de horas para levantase otra vez a continuar la lucha contra el fascismo dentro y fuera de los Estados Unidos.

Pero dejemos ahora las tareas y las reuniones a un lado y hablemos de las invitaciones que se reciben en los hogares casi todos los días. Una invitación, en la mayor parte de los casos, es un motivo para hacer algo completamente diferente a aquello que la invitación dice. En el ochenta por ciento de los casos una invitación es un motivo para darse "el palo".

¡Como nos devanamos los sesos buscando una excusa apropiada para darnos unos cuantos "cañazos" entre unos cuantos amigos! ¡El santo de fulano, el bautismo del hijito de sutano, la despedida para Puerto Rico de mengano, la última noche que le queda de paisano al amigo X que ingresa mañana en el "army" . . . el asunto es buscar una excusa adecuada para poderse tomar algunas copas [como si] estuviese en contra de la ley!

¡Hasta a las pobres muñecas las "bautizan" con una docena de madrinas y otra docena de padrinos! ¿Para qué? Para darse "el palo".

Las otras noches uno de mis viejos y buenos amigos me dijo: "Pasen por casa para cenar algo y tomarnos algunas copitas". No nos tuvo que recordar que era el aniversario de su boda. Las fechas de importancia son siempre recordadas por los buenos amigos, sin necesidad de enviar pomposas esquelas esconden siempre el motivo real que hemos estado separando.

Pues, como les iba diciendo, fuimos dos viejos amigos con nuestras esposas; vino la familia de la esposa del amigo, una amiga de infancia; y se pasó el rato más francamente agradable que imaginarse puede. Sin bombos ni platillos, sin muchas esquelas usando un modo de invitar franco y directo. Como ninguno era tomador de profesión, se celebró en toda su verdad y en un ambiente íntimo de familia el aniversario de boda de nuestros buenos amigos.

Seamos francos y simples, sin pomposidades ni aristocratismos artificiosos y seremos más queridos por todos. Hasta en tus invitaciones.

Te lo recordamos otra vez

No podrás votar en las próximas elecciones del mes de noviembre, si no te inscribes como votante, durante los días 27 y 28 de septiembre ó 2, 4, 5, y 6 de octubre. Te lo dijimos ya hace varias semanas en esta misma columna. Te lo volvemos a decir hoy, ¿Qué si es importante votar? Yo creo que esta pregunta no tenga ni que contestarse. Pregúntasela al representante Vito Marcontonio, el autor del proyecto de ley para abolir el "Poll Tax" y de la única resolución que vale la pena apoyarse demandando la absoluta independencia para Puerto Rico.

El grupo de senadores y representantes progresistas en Washington y el grupo de concejales progresistas en el Concejo Municipal en la ciudad de Nueva York, no estarían sentados en esos cuerpos legislativos, defendiendo los derechos del pueblo explotado, de las minorías raciales y de Puerto Rico, si todos asumiéramos una posición de derrotismo, de indiferencia y de apatía cuando se llega al momento de inscribirse, registrarse en un partido y votar cuando se llegue el momento. La sana política del presente gobierno en Estados Unidos en cuanto a su empeño de ganar la presente guerra contra el fascismo, como asunto de primordial importancia, y el mismo acto, ganar la guerra con la sangre de tantos hombres en los campos de batalla, vendría a ser un acto nulo, si dejamos que por nuestra apatía, los legisladores reaccionarios de todos los partidos reconstruyan con conservadores proyectos de paz y justicia social y económica los principios nazifascistas que los soldados destruyeron con su sangre en los campos de batalla. Las mismas vacilaciones del presente gobierno en cuanto a la apertura de un verdadero segundo frente, en cuanto a tomar una posición abierta y clara sobre las demandas de la gran mayoría de los puertorriqueños por su independencia nacional, se debe en gran parte a nuestra despreocupación y apatía para firmar peticiones, para enviar delegaciones a Washington, para escribir a los representantes al Congreso, para inscribirnos, registrarnos en un partido político y votar cuando llegara el momento de hacerlo. Si los reaccionarios y explotadores puertorriqueños y norteamericanos con sus leyes, hermanados en el conservadorismo y el fascismo, se inscriben y votan para así mejor obstruir la obra de los progresistas dentro de todos los partidos, ¿por qué no hacerlo nosotros, los que queremos que reine la justicia y la libertad para todos?

Si tú no te inscribes durante los días antes enumerados, no podrás votar en las elecciones del 2 de noviembre de 1943. Si tú no te enlistas en un partido político—y esto es un acto completamente diferente que hay que hacer el mismo día que te inscribes—no podrás votar en las primarias presidenciales el próximo mes de abril de 1943. Y en esas primarias casi prácticamente se decidirá quién va a ser presidente de los Estados Unidos en las elecciones del 1944. Esas primarias son tan importantes como las elecciones para vicegobernador del estado de Nueva York el próximo noviembre.

Esperamos pues, que no te pase como aquél que todos los días hablaba de política en cuanto "cuchifrito"[1] entraba, que explicaba de memoria todas las plataformas de todos los partidos, que luchaba todos los días por convencer a la gente sobre la importancia de que hubiesen más defensores de los obreros y de Puerto Rico sentados en los escaños del Congreso y, el día de las elecciones, cuando fue a votar, le negaron su derecho a hacerlo. Había olvidado de inscribirse durante el período de las inscripciones.

---

[1]Pequeña y rústica tienda de frituras.

"Mientras haya excusas, está todo arreglado"

Hay personas que han hecho una costumbre el llegar tarde. Si se les dice que la reunión es para las ocho y media, ellos siempre llegan a las nueve, o a las nueve y media. Y lo bonito del caso es que entran lo más campantes, como si nada hubiese pasado. ¡Y las excusas que tienen cuando de una manera casual, se les pregunta por qué llegaron tarde! Algunas son ya clásicas. Las hemos estado oyendo desde muchachitos, cuando matábamos cada vez a nuestras abuelas ante los asombrados ojos del buen maestro de escuela, cada vez que venía un buen "team" de pelota a jugar a nuestra pueblo o nos daba por irnos a pescar guábaras[1] y a bañarnos en el río.

Estos elementos que siempre están llegando tarde son los individuos que más trabajan "overtime". ¡Y cómo lo trabajan! Trabajan cuatro y seis horas todos los días, sobre el tiempo legal de ocho horas. Y estaría muy bien si así lo hicieran. Hay que producir lo más que se pueda para terminar con el nazifascismo. Lo que yo no puedo explicarme, es cómo es que al mismo tiempo que trabajan todas estas horas todos los días y parte de las noches, pueden haber visto todas las películas de todos los cines del barrio. Cómo es que se les puede ver jugando de vez en cuando su "manita" de billar y visitando, horas tras horas, por todas las salas de todas las familias del barrio. Esto es imposible a menos que tengan una doble vida.

Estos elementos no saben el tiempo que pierden y el tiempo que les hacen perder a los demás. Le dicen a uno: "Espérame frente a la barbería de X a las ocho en punto de la noche". Y pasan las ocho y cuarto y pasan las ocho y media, y pasan las nueve. Como allá por las nueve y diez, se presentan con toda su calma, como si nada hubiese pasado. Más de una hora esperando a un elemento irresponsable de su deber y de su palabra. Más una hora echada a perder sin hacer nada, parado en una esquina, en estos tiempos en que se pueden hacer tantas cosas útiles con una hora para la causa de Puerto Rico, para la

---

[1]Especie de camarón. La expresión "pescar guábaras" tiene la connotación de perder el tiempo.

causa de la liberación de la humanidad. Pero, pregúntele Ud. por qué llegó tarde. Ahí es donde está toda la tragedia. Y toda la comedia. A oír uno la excusa, uno no sabe si echarse a llorar como un muchachito o desgañitarse de la risa. Hay varias de estas excusas que valen un Potosí. ¡Y lo serio que se quedan cuando las dicen!

Poco a poco se acostumbran a decir estas "excusas", lo que en el inglés vulgar le llaman "white lies", hasta que pasan al ramo superior del embuste sin máscara ni reparos, consumiéndose así el proceso de desmoralización de lo que una vez pudo haber sido un carácter. Es necesario estar ojo avizor en cuanto a estas pequeñeces se refiere.

Si es que no queremos pertenecer más a un grupo o sociedad, enviemos nuestra renuncia; pero no continuemos perteneciendo y faltando a sus reuniones y a aquéllas de los comités en los cuales hemos sido electos para luego dar toda clase de "excusas" que nos rebajan ante la apreciación que puede tener el que nos oye.

Hoy, en esta tremenda lucha por ganar la guerra, tenemos que luchar por ganarnos a nosotros mismos para estar a la altura de las tareas que se nos han de dar para ganar la paz y construir un mundo mejor. No podremos tener un Puerto Rico verdaderamente libre en el campo político, económico y social, no podremos tener un mundo mejor, si continuamos llegando tarde, haciendo perder el tiempo de los demás y el nuestro mismo. Si no podemos llegar a una simple reunión a una hora previamente decidida y aprobada por todos, ¿qué pasará cuando se nos diga que estemos a una hora exacta en un sitio en un futuro momento de nuestra historia, cuando el estar en ese sitio a esa hora EXACTA depende la vida o la muerte de un individuo o de un movimiento?

En estos días en que nos encontramos en el umbral de nuestra independencia nacional como pueblo puertorriqueño, en que se necesitan caracteres probados y firmes, sin deviaciones ni informalidades para ayudar a construir el edificio derrumbado de la industria y el progreso del mundo, es nuestro deber ir probando uno a uno, todos los que dicen que son y que sean. Probarlos con estas tonterías que parecen pequeñeces: su exactitud en cuanto a llegar a tiempo a una cita o reunión, su manera de proceder cuando se está discutiendo un plan de trabajo. Su manera de actuar luego que el plan ha sido aprobado.

Todos estos cabos nos ayudarán a entrelazar una soga floja o fuerte para el futuro de nuestra patria y de la humanidad.

Probando el acero es que se sabe si es acero. No lo empañemos con "excusas" que sólo servirán de elemento corrosivo para nuestra personalidad como gente consciente y responsable.

La palabra y la acción

Fue las otras noches en una fiestecita familiar en casa de un amigo. Se estaba celebrando el bautizo de una niña. En el medio de la sala y gesticulando como un energúmeno, estaba un señor entre joven y viejo, diciendo lo que él había llamado al comenzar "una corta peroración". Llevaba media hora hablando cuando yo entraba. Noté que de cada tres palabras, una era, "proletariado", "capitalismos" o "revolución". Llegaban hasta la concurrencia boquiabierta sus frases resonantes: "el pueblo hambriento y oprimido", "la metralla que destruye y que limpia", "la roja sangre corriendo en caudalosos Niágaras de rojo esplendor . . ."

El dueño de la casa me lo presentó como un gran revolucionario. Era, según el buen dueño de la casa, uno de los "de a verdad". El "revolucionario" me estrechó la mano muy efusivamente. Me llamó camarada, compañero. Poco faltó para besarme. No podía comerse un bocadillo, ni tomarse un vaso de cerveza sin hacer una larga cita de un autor revolucionario o recitar una tronadora enjundia de espeluznantes adjetivaciones ultra izquierdistas, a la que llamaba poesía revolucionaria. No se podía hablar del más mínimo asunto sin que este señor "revolucionario" no trajera un largo "a propósito" lleno de citas mal citadas y peor interpretadas. Era verdaderamente un "revolucionario" entre comillas, falto del tradicional cajón de jabón en qué pararse.

¿La reacción entre la concurrencia, a tanta verborrea y tanto vulgar disparatar? Admiración por parte de una minoría que tiende a desaparecer rápidamente en nuestro pueblo que aún admira la redundancia y la gradación adjetival, aunque en sí nos se diga nada. Un monótono silencio entre los pocos que sabían de estas cosas; silencio escondido detrás de una imperceptible sonrisa a flor de labio. El hastío y el nacimiento del rencor y la oposición, entre todo aquel público hacia cualquier idea de liberación nacional o revolución económica. Público que había sido invitado allí a pasar un buen rato.

Llamé al "revolucionario" a un rincón de la sala y comencé a hablarle. Le hice ciertas preguntas. Tanto calor "revolucionario" y tanto amor verbal por el pueblo oprimido, tenía seguramente que transformarse en la acción en la vida diaria. Le pregunté a qué organizaciones de masa pertenecía y me respondió: "A ninguna". Le pregunté si escribía para algún periódico o revista o si tomaba alguna publicación para vender entre sus amistades y conocidos. Tuve no, por respuesta. Quise enterarme sobre lo que leía. Me contestó humildemente que él ya lo había leído todo. Traté de informarme si había bajado y subido bastantes escaleras llevando el pan de sus ideas en forma de folletos y hojas sueltas a los apartamientos donde vive el pueblo. Si había pasado alguna vez por el gran placer mental y físico de barrer o "mapear" un gran salón, antes de dar una asamblea. Me miró con desdén. Él no se rebajaba a hacer esa clase de trabajo. "Eso lo hacía la turba anónima". No tuve que preguntar más. Ya había medido al elemento y sabía lo que daba.

Compañeros, hermanos y compatriotas: Mucho cuidado con estos elementos. Con su hablar extremista, destruyen un amplio movimiento de masas, "boconeando" frases "revolucionarias" en prosa y verso y ahuyentando a la gente que aún no comprende las fuerzas que agitan al mundo de hoy y que inevitablemente tienden a libertar a las colonias y a dar una verdadera justicia social a los pueblos. Elementos que no hacen nada, que no levantan una paja para traer a la práctica un mundo mejor, que nunca se unen a nada, que si se unen, nunca pagan sus cuotas y porque saben decir tres o cuatro brillantes disparates se creen mejor que la masa de donde salieron. Estos elementos son enemigos de todo movimiento donde se exija trabajo y responsabilidad. No sirven sino para gritar consignas estridentes sin nunca llegar a comprender la alta significación de las mismas y la necesidad que existe de transformar esas consignas en acción.

Un verdadero revolucionario se conoce por su parquedad en el hablar, por su real sentido de modestia, por su consagración al trabajo consciente y continuo para la realización del ideal al que ha consagrado su vida. Sin bombos ni platillos, sin charlatanezco exhibicionismo. Es simple y grande como un niño, es simple y es grande.

A veces me pregunto sobre estos elementos, más papistas que el papa, más pomposamente "revolucionarios", lo hacen por ignorancia en cuanto a métodos y tácticas de lucha, y cuántos los hacen por maldad y a sabiendas de los que están haciendo. Sabido es que una de las maneras que ha usado el fascismo, la Falange y el Sinarquismo, es el enviar a provocadores a paga dentro de la organizaciones obreras; individuos que se dedican a gritar a voz en cuello y a aparecer, entre los menos informados, como los únicos y verdaderos exponentes de las reivindicaciones de los trabajadores y de todas las minorías esclavizadas.

Hermanos, compañeros, compatriotas: mucho cuidado con estos tipos ultra revolucionarios. Hacen todo lo posible consciente o inconscientemente, por darle un tinte sectario a todos los clubes en donde hablan y de marcarlos para siempre ante la vista del pueblo, aislándolos e impidiendo así, de que una idea coja verdadero auge entre las amplias masas. No sirven sino para hablar de revolución; no para hacerla.

Roosevelt I

Existen tres grandes grupos de opinión contra Roosevelt entre nosotros. El primer grupo es de aquéllos que dicen que el presidente de Estados Unidos está abandonando todos sus principios del Nuevo Trato,[1] y que se está yendo con las derechas. El segundo grupo pertenece a aquéllos que nos informan en todos los grupitos de las esquinas, que Roosevelt es el que causó la presente guerra y el causante además de que muchos de nuestros seres queridos se encuentren hoy en países lejanos. El tercer grupo de opinión es el que enfrenta al actual presidente de la república estadounidense con los problemas que más cerca tienen de su corazón y clasifican al primer magistrado de Estados Unidos como enemigo de la libertad.

Examinando hoy la primera corriente de opinión: Roosevelt se nos va. Roosevelt ha abandonado sus viejas ideas. El "New Deal" es letra muerta. "Hay que buscar a otro que sea más de izquierda que él". Opiniones como las apuntadas anteriormente, las oímos con frecuencia entre los llamados intelectuales o aspirantes a serlo. El confusionismo político y la estudiada mala interpretación en asuntos políticos sociales y económicos emana por lo general de este grupo.

Los que abogan por que cambie el presidente por otro durante las próximas elecciones presidenciales, los que nos aconsejan que comencemos ya preparando el terreno para minar su candidatura haciendo propaganda contra él ahora, no comprenden, por lo general, la verdadera naturaleza y propósito de la presente guerra. Para ellos, la presente guerra debe de ser para terminar con el nazifascismo y entrar al socialismo inmediatamente, quizás a través de una revolución social. En cuanto a la terminación del nazifascismo dentro y fuera del este y de todos los países, estamos completamente de acuer-

---

[1] Con este nombre se conoce la política económica que se aplicara al presidente Franklin Delano Roosevelt para tratar de resolver la crisis económica que sufrían los Estados Unidos a principios de la década de 1930. Con el Nuevo Trato se abandonaron muchas ideas que eran defendidas como esenciales del sistema liberal. Se creó la Junta Nacional de Reserva, que controla actividades bancarias; la Ley de Relaciones Laborales que regula relaciones obrero-patronales; se implantó la Ley de Seguridad Social, etc.

do. Pero en cuanto a que ésta es una guerra para implantar el socialismo y no para salvar la democracia en la forma y en grado que hoy existe es que estamos en completo desacuerdo.

¿Por qué la presente guerra es para acabar con el Hitlerismo y salvar la democracia? Pues simplemente porque para terminar con el Hitlerismo, se necesita la Unidad Nacional en Estados Unidos y en todos sus grupos nacionales; se necesita la Unidad Internacional entre todas las naciones que por una u otra razón deseen la destrucción de Hitler y el nazifascismo. ¿Se podría conseguir esta unidad abogando por la revolución social y el socialismo ahora? No. Estados Unidos y sus grupos dominantes no lo verían de esa manera. La Gran Bretaña y sus grupos dominantes no los verían de esa manera. Y así todas las naciones cuyo sistema social es más o menos parecido al de las naciones antes mencionadas. El resultado sería el aislamiento de la única nación hoy día que vive bajo un sistema socialista: La Unión Soviética. Y eso es lo que quiere Hitler, Mussolini, Hirohito, Franco y todos sus agentes y representantes en todos los países: aislar a la Unión Soviética y a todas las fuerzas progresistas fuera de aquella nación cosa de poder seguir la táctica militar antigua, de ir venciendo y conquistando una a una a todas las naciones de la tierra.

Y he aquí como Roosevelt y no aquellos izquierdistas que lo critican como conservador, es el que ha sabido adoptar los justos medios políticos de cooperación nacional e internacional para ganar la guerra.

Y es por estas razones antes expuestas que naciones como la Gran Bretaña, la nación imperialista por excelencia, la Unión de las Repúblicas Soviéticas Socialistas, la única nación socialista en el mundo, (y cuando decimos socialismo no queremos decir "socialerismo") están hoy unidas luchando contra un peligro aún más grande que el imperialismo: el nazifascismo. Y en la misma lucha contra el nazifascismo, por la misma ley ineludible de las fuerzas contrarias, estamos luchando contra todos los demás "ismos" opuestos a los intereses de la clase obrera, de la clase media, de los países coloniales y semi-coloniales, y de todos los sectores explotados de la humanidad.

Roosevelt II

El segundo grupo contra Roosevelt es aquél que sostiene que el actual presidente de los Estados Unidos es el causante de todo lo malo que hoy existe en toda la tierra. Si tenemos un fuerte dolor de cabeza la culpa la tiene Roosevelt; si nos pisan los callos en el "subway" la culpa la tiene Roosevelt. Quizás con la sola excepción del judío, Roosevelt es el hombre que más tiene la culpa de lo que pasa en el mundo, según aquéllos que no quieren tener el trabajo de pensar siquiera unos minutos, sobre las causas de la guerra y de todos los problemas que tenemos hoy que solucionar.

Fuerzas económicas y sociales mucho más grandes que una centena de hombres como Roosevelt han sido las causantes de la guerra: fuerzas económicas y sociales que todos los economistas y sociólogos burgueses del mundo de hoy las conocen; pero que sus relaciones de clases no les permiten expresar y mucho menos [responsabilizar de la condición] anárquica de la industria y de la sociedad en general que produjo la pasada guerra imperialista; se levantó el ideal fascista, para continuar realizando por la suprema fuerza, lo que ya no podía hacer la clase dominate por medio de los viejos moldes parlamentarios. Se quería que el pueblo continuase produciendo y viviendo de la mano a la boca mientras un grupo de parásitos continuaba derrochando riquezas en placeres sin cuento. El pueblo a través de sus masas organizadas en partidos y sindicatos obreros rehusó seguir muriéndose de hambre. Se cometieron varios errores. No se le dio importancia a los que predicaban el frente unido y la unidad nacional contra el enemigo común. Y por un terrible momento en la historia triunfó el fascismo en muchos países importantes. La fuerza se impuso a la razón. El pueblo americano tenía que vender manzanas y recurrir a las cocinas públicas para comer.

Roosevelt comprendió en el peligro que estaban los Estados Unidos de una revolución y cerró los bancos por unos días, implantando la NRA y luego el "New Deal", medidas éstas que emanaban del reformismo capitalista de sus consejeros liberales. Y es así como Roosevelt evitó quizá con los paños tibios del "New Deal" del "Home Relief" y de las otras medidas originadas en los partidos obreros, y que él adoptó; sin embargo en las plataformas de su partido, a que

quizás en estos momentos tuviésemos nosotros sentados en la Casa Blanca un Hitler o un Benito, respaldado por todos los Ku Klux Klan y todos los Christian Fronters y falangistas y sinarquistas en Estados Unidos. Demás está el pensar las oportunidades de independencia que nuestro querido Puerto Rico hubiese tenido bajo un gobierno fascista en Washington.

Nosotros los puertorriqueños, como que no somos arios de pura cepa, nos hubiese tocado la misma suerte que a Polonia. Eso fue lo que Roosevelt hizo implantando el concepto del "Nuevo Capitalismo", aún en contra de su propia clase. ¿Qué no es bastante las reformas del reformismo capitalista para sanar un mundo crónicamente enfermo? Eso lo sabemos y por eso luchamos. Pero luchamos sin perder la cabeza.

Comprendiendo la necesidad que hoy existe de derrotar el fascismo—todos juntos y unidos, capitalistas, demócratas y obreros—para que otra vez sea la reivindicación social la nota dominante de nuestras luchas.

Cualquiera que hubiese sido presidente, llámase Roosevelt o Smith, le hubiesen criticado de haber sido el causante de enviar a nuestros hijos a pelear en lejanas tierras. Ésa es una de las armas del espionaje enemigo para dividir, infundir desconfianza en los gobernantes y vencer.

Y esta propaganda de Quinta Columna, diseminada por la prensa amarilla y repetida en todas las salas de visita por los que usan como cerebro los editoriales del "Daily News" y del "New York Journal", surte su efecto con el tiempo hasta en el corazón de las buenas madres que no pueden ver la importancia de que soldados de Estados Unidos vayan en busca del enemigo y no esperar a que el enemigo, luego de haber vencido a las demás naciones aliadas en Europa, venga entonces y destruya, no a unos cuantos soldados, sino a Nueva York, Chicago, y otras tantas ciudades y naciones enteras en América con todos sus habitantes.

Varios comentaristas y escritores de peso ante la opinión pública, son de parecer que tanto Roosevelt y su Estado Mayor están porque se abra un segundo frente inmediatamente. Es Churchill el que no quiere el segundo frente ahora. Demás está decir, que hay grandes grupos mejor organizados y con más fondos que los que puedan tener los pobres que están usando toda la precisión posible porque predomine el punto de vista de Churchill. ¿Qué estamos haciendo nosotros para que el Primer Ministro inglés no se salga con la suya? Recordemos que es en la medida que usemos nuestra fuerza del voto y de protesta organizada, es en la medida que nos dejemos oír como masa consciente y democrática que podremos nosotros hacer que representantes y senadores, y el mismo Roosevelt oiga y actúe de acuerdo con nuestro punto de vista.

En el último análisis, es el pueblo, si se organiza, habla y actúa unidamente, el que hace los buenos gobernantes y los buenos gobiernos.

Roosevelt III

Un importante grupo de opinión en Estados Unidos juzga a Roosevelt de acuerdo como sus acciones en relación con la política externa o interna del país satisfaga las ideas o intereses individuales de cada persona dentro de este grupo de opinión. Si las acciones de Roosevelt concuerdan con los intereses o las ideas que ellos tienen personalmente en cuanto a cómo solucionar los problemas internos de Estados Unidos, Roosevelt es entonces un gran estadista. Pero si el gobierno, encabezado por Roosevlet, no hace las cosas o da importancia inmediata a aquéllos que, como individuos, sustentan que debe de ser la tarea inmediata a resolver, entonces Roosevelt se convierte en un embaucador y un demagogo.

Muchos progresistas juzgan la política de Roosevelt de acuerdo a cómo esta política ayude a salvar el programa social del "New Deal". Nos aventuramos a opinar que la política de Roosevelt y la acciones del presente gobierno deben de ser juzgadas en la medida que dicha política y dichas acciones ayuden o impidan ganar la guerra. Ganar esta guerra: he aquí la tarea primordial que toda persona progresista y amante de todas las libertades para todos los hombres y todos los pueblos. Es así como todo paso dado por este gobierno o sus representantes o por todo grupo o individuo, debe de ser juzgado: si lo que hacemos ayuda a derrotar a Hitler y ganar la guerra o si ayuda a que Hitler triunfe y la guerra sea ganada por los países fascistas.

Cuando Roosevelt y su gobierno no unen a todos los soldados en un solo ejército, desde las compañías hasta los batallones, teniendo a todos los soldados juntos sin diferencias de color o de raza, ése es un error fundamental del presente gobierno que ayuda a todos los amigos de Hitler y descorazona a todos los individuos de las razas de color en todos los demás países y colonias de la tierra. Reflexionarán con mucha justeza: "he aquí a los Estados Unidos, predicando lo que no ponen en práctica en su propio país".

Cuando Roosevelt y su gobierno no le da la independencia INMEDIATA Y AHORA a la nación de Puerto Rico, Roosevelt y su gobierno está cometiendo un error fundamental, en la gran lucha para ganar la guerra y para convencer a todas las demás colonias oprimidas de la tierra—la India por ejemplo—de que esta guerra es en verdad una guerra para terminar con todas las opresiones y todas las injusticias.

De que en último ejemplo de Puerto Rico, nuestras aspiraciones como puertorriqueños y como pueblo, coincidan con los verdaderos intereses y sola salvación de la humanidad, si es que ésta quiera liberarse de un sistema fascista universal, nos place y nos fortalece sobremanera. Pero ello no cambia en manera alguna la premisa porque el asunto primordial en esta hora es ganar la guerra, ayudar a producir más, a comprar más bonos, a dar sangre de nuestras propias venas puertorriqueñas, a luchar con todos los demás amantes de la democracia y el progreso en este país en todos los proyectos y luchas para terminar con el imperialismo y el nazifascismo, que debiéramos de querer y luchar por que se le dé la independencia a nuestra patria. Esto no niega, naturalmente, la inmensa verdad de que nosotros como puertorriqueños, y solamente como puertorriqueños—porque todo pueblo quiere ser libre—deseamos la liberación nacional de Puerto Rico. Pero tomando este último punto de vista, sólo estaríamos pensando en la independencia de nuestro pueblo como boricuas que somos. El momento y la hora no nos pide que seamos no sólo boricuas, sino puertorriqueños que piden la independencia ahora, porque quieren desarrollar todas las potencialidades patrióticas e incorporarlas al gran ejército de los luchadores contra el fascismo mundial, porque queremos, en proceso de la lucha hacia la independencia, participar y luchar, codo con codo porque las normas democráticas de este país en donde hoy vivimos y en todo el mundo continúen desarrollándose y creciendo.

Sueños de ayer, realidades de hoy

Es fácil recordar, porque parece que fue ayer, que las grandes luchas de los elementos progresistas por que se le diera alguna clase de ayuda a aquellos individuos—y llegaron a ser millones en un tiempo—que, queriendo trabajar no encontraban trabajo por ninguna parte. "¿Pagar a la gente por no trabajar? ¡Imposible!" Así decían los pesimistas y los incrédulos, que nunca han creído en las potencialidades para la lucha que tiene el pueblo cuando está bien organizado y dirigido. Se consiguió el "Home Relief" y aunque no puede decirse que lo que daban era exactamente la ayuda por la que escribíamos y hablábamos en las esquinas y salones obreros, algo se consiguió para la masa que, después de la crisis de los años veintinueve, se encontraba completamente desprovista de todo.

Y comenzó la lucha por mejores hogares para los obreros; la tremenda tarea por conseguir proyectos de casas, con miles de apartamientos con todos los adelantos modernos. "¡Soñadores! ¡Idealistas! ¡Bolcheviques! ¡Si se creerán estas gentes que están en Rusia!" Así volvieron a razonar los pesimistas y los incrédulos que no creen en la tremenda fuerza que está en ellos mismos, si quisieran organizarse y actuar. Y nosotros, los "idealistas y soñadores", continuamos escribiendo hojas sueltas, organizando mítines, yendo en comisiones a ver tal o cual congresista o senador, subiendo y bajando escaleras y recogiendo firmas de inquilinos que, instituidos por argumentos falsos de los "landlords", nos daban con la puerta en la cara, despidiéndonos con la frase: "¿Por qué no se van pa' Rusia, si aquí no están contentos?" Los "landlords" les decían que vivir en edificio de miles de apartamientos sería como vivir en un cuartel de soldados, que eso era regimentación, que no tendrían vida privada.

Que se tendría uno que acostar a cierta hora y levantarse a cierta hora. Que no podrían dar "parties" en sus hogares . . . En suma que sólo a "comunistas", a elementos en contra del gobierno, "elementos suversivos" se les podían ocurrir estas ideas. Aún hay elementos dentro de la masa que creen todas estas historias contra los proyectos de casas. Demás está decir que esto no era sino la propaganda de los "landlords", defendiendo la renta de sus apartamientos antihigiénicos, sin pintar y llenos de ratas. Pero se construyeron ya varios proyectos. Y muchos de aquellos elementos que estaban en contra de los mismos, que no quisieron dar sus firmas para peticiones al Congreso temiendo que los fuesen a tildar de "comunistas", según ellos, hoy viven muy contentos y satisfechos en los mismos proyectos para los que ellos rehusaron luchar.

A veces uno de los que "dieron camón", recogiendo firmas me dice: "Jesús, ¿sabes quién se mudó para el proyecto? Fulano de tal". Y cambiamos una sonrisa de entendimiento. Y de satisfacción; pues a las personas de alguna claridad ideológica, no les debe dar coraje que aquéllos que menos lo merecen por sus acciones, sean los que estén disfrutando hoy de los frutos concretos que demuestran que los llamados "soñadores e idealistas" quizás sean mucho más prácticos que lo que parece. Estos frutos tangibles de nuestras prédicas y de nuestras luchas, han cambiado quizá, el modo de sentir y de pensar de muchos de los incrédulos, timoratos y pesimistas de ayer. Podríamos dar otros muchos ejemplos de reciente historia, en este mismo sentido. Los tremendos esfuerzos por conseguir lo poco que tenemos en cuanto al "Social Security" de que hoy goza cierta parte de los trabajadores. "Robo en despoblado. ¡Confiscación!", gritaban los patronos. "¡Sueño, idealismo!", vociferan muchos de los mismos obreros que hoy cobran su "Social Security" cuando se quedan sin trabajo.

Y todo para decirte, amigo lector, que te prepares. Que no te dejes guiar por la propaganda de la prensa amarilla y de los oradores a paga que hablan por radio a nombre de las grandes corporaciones. Que se avecinan campañas para conseguir mayores beneficios para el pueblo, que no tienen comparación en su magnitud y alcance con los esfuerzos hechos hasta ahora. Que, en el futuro, tengas mayor cuidado del tildar a nadie de "soñador o comunista"; pues estos individuos que tú tildaste así en el pasado tienen una manera muy peculiar de, a la corta que a la larga, salirse con la suya.

Vamos. Cojámosnos todos de las manos. Todos aquellos elementos de buena voluntad. Demócratas y republicanos, comunistas y nacionalistas: personas de todos colores, de todas las religiones, de todas las maneras de pensar que deseen el bienestar y la liberación de todos los pueblos incluyendo el suyo propio. Marchemos hacia una gran Unidad Nacional contra el enemigo común. Y no dejemos que pequeñas diferencias exageradas por los enemigos de TODOS, rompan esta inmensa y fuerte cadena de brazos.

Hispanos ¡Alerta!

Grandes intereses representativos de los propietarios de casas en vuestro distrito, juntos con aquéllos que, por razones políticas odian la presente administración del gobierno municipal han formado una ganga para desacreditar la raza de color y todas aquellas personas de origen extranjero que viven en vuestro distrito. Las razones son claras y simples: subir más las rentas, separar al negro del blanco, al ciudadano norteamericano de los extranjeros y preparar el terreno para que triunfe la reacción en las elecciones del año que viene.

Estas fuerzas reaccionarias han forzado al alcalde La Guardia[1] a movilizar quinientos policías y detectives con el "propósito" de limpiar vuestra barriada de lo que ellos insisten llamar inmoralidad y bandidaje. Demás está decir que la inmoralidad y bandidaje en vuestro distrito, no es más que la que se pudiera encontrar en otros como los de "Hells Kitchen" o cualquier otro sector afectado por la pobreza, los apartamientos que son la verdaderas causas de la delincuencia juvenil.

A los intereses del "Real Estate" no le ha gustado ni un poquito, como el votante negro y el votante blanco, como el irlandés y el judío, el puertorriqueño y el italiano, se han unido para elegir, de todos los partidos, el Concejo Municipal más liberal en la historia de la ciudad.

Ellos, los reaccionarios, razonan así:

"Hay que buscar la manera desde ahora y antes que ese Consejo se ponga a trabajar el primero de enero, de desacreditar al alcalde La Guardia, y a todas las fuerzas progresistas que están por ganar la guerra lo más ligero posible".

Ellos saben que, por razones de ignorancia, por pequeños altercados callejeros entre los elementos malos y buscabullas de diferentes razas, hay un sentimiento de tirantez entre un grupo mínimo de los habitantes. Lo que ellos no saben, y si lo saben quieren ignorarlo, es que la mayoría de las familias en este distrito—puertorriqueñas, filipinas, negras y las familias norteamericanas blancas—no pertenecen a este grupo buscadores de altercados, y frecuentadores del billar y de

---

[1] La Guardia, Fiorello Henry (1882–1947). Alcalde de Nueva York desde 1933 hasta 1945.

la "barra"[2] todos los días. Que son familias que se levantan a "pegar"[3] muy duro todas las mañanas, la mayoría trabajando para la defensa y haciendo material de guerra para terminar con los fascistas en el otro lado del Atlántico y el Pacífico.

¿Qué buscan estos intereses de "Real Estate?" Dividir y vencer. Se irán por el vecindario, buscando "stooges" a los que se puede comprar con un par de pesos o una promesa de un trabajito suave para que éstos inventen historias espeluznantes ante un comité investigador.

Puertorriqueño que vives en ese distrito, hispanos en general: ¡Mucho cuidado! Ahora es el momento, más que nunca, para presentar un frente unido con las buenas familias de color del barrio, con todas las minorías raciales del distrito, y hacer que estos elementos que no vienen a investigar para resolver tus problemas, sino a desacreditarte, se salga con la suya.

Nos satisfacemos en saber que el Concejal Municipal Peter V. Cachiccione está formando un Comité Especial de Investigación para "chequear" la llamada "investigación" que los propietarios de casas de apartamentos y las fuerzas reaccionarias han impuesto a la policía y a La Guardia.

¿A qué los "Real Estate" no comienzan a pedir más proyectos de casas como el del "Navy Yard" para el vecindario? ¿A qué no piden más escuelas y más parques de recreo para los niños? ¿A qué no piden más centros de salud para las madres y los recién nacidos? ¿A qué no se ocupan de organizar una campaña para rebajar el alto costo de los alimentos?

Recuerden eso cuando vengan los "investigadores" del "Real Estate" a hacerles algunas preguntas.

---

[2]Cantina, taberna.
[3]Trabajar.

La colonia invita

Éstas o palabras similares fueron usadas en la invitación a un banquete que un grupo de señores organizaron en honor de un senador de los Estados Unidos la pasada semana.

Lo que nos ocupa por el momento es el derecho que tienen estos señores en asumir la representación de la colonia puertorriqueña, en hablar en nombre de la colonia puertorriqueña, en presentarse directa e indirectamente ante el senador en cuestión y demás comensales de otras colonias hispanas y el público que lee la prensa diaria, como los portavoces, como los dirigentes reconocidos del numeroso pueblo boricua en la ciudad de Nueva York.

Cuando leímos la lista de los nombres impresos al margen de la carta que enviaban con las invitaciones, notamos con extrañeza que, a excepción de uno o dos nombres de algún arrastre en la opinión colectiva de la colonia, la mayoría eran buenos señores profesionales conocidos solamente entre su clientela, pero que nunca habían tomado parte activa en ningún movimiento cívico de nuestra colonia. Habían sus excepciones y eso lo hemos apuntado ya: profesionales como el doctor Cesteros, que ha dado de su tiempo y su dinero para organizar la colonia de acuerdo con su punto de vista, comerciantes como el Sr. Mario González, que ha escrito una gloriosa página en su vida personal y la de la colonia, en su tarea de ayudar los cientos de puertorriqueños que han sido traídos a estas playas por el "War Manpower Comission" sin ponerles en claro muchos detalles en cuanto a los trabajos que venían a hacer en Estados Unidos, antes de salir de Puerto Rico.

Pero señores como los ya citados continúan siendo la excepción en esa lista que habla en nombre de la colonia puertorriqueña. Por el contrario se incluyen personas repudiadas más de una vez por el voto electoral boricua en esta lista que hace una llamada para un banquete a un senador en nombre de la colonia puertorriqueña.

¿En dónde están, decía para mí, en esta lista los verdaderos representantes de la colonia? ¿En dónde están los presidentes o secretarios de las numerosas y antiguas organizaciones sociales, fraternales y sindicales que existen entre nosotros? ¿En dónde está la representación de la sociedad de nuestros comerciantes? ¿En dónde la representación de la sociedad de nuestros religiosos? Yo entiendo muy bien que no se desea una lista kilométrica; pero debemos de entender también que se quiere una lista representativa, del verdadero arrastre, fuerza y confianza en todas las capas sociales del pueblo.

Tal parece que un buen señor se sentó ante un escritorio con la guía del teléfono en la mano y comenzó a llamar a todos aquellos que tenían el título de "doctor" o "licenciado" ante su nombre o que podían tener los dólares necesarios para alquilar un tuxedo y pagar una "invitación" a un banquete. Lo que se le olvidó a ese señor es que eso de título nada más ya no "camina" entre los cientos de miles de boricuas que vivimos hoy en Nueva York. Que, tras el título, tiene que haber un hombre que se entregue al pueblo en cuerpo y alma, como esa brillante pléyade de hombres titulados que ha dado la historia de nuestro Puerto Rico. Entonces el título se engrandece por el hombre que lo representa.

Como ha dicho ya el gran vicepresidente de los Estados Unidos, el honorable Henry A. Wallace, "vivimos en el siglo del hombre del pueblo". Donde el hombre del pueblo o sus representantes salidos de su seno no estén presentes, no está representado ese pueblo. Eso pasó en el banquete al cual nos referimos. No queremos que se crea que es preciso una votación general para poder hablar en nombre de la colonia. Sólo apuntamos que solamente se puede hablar en nombre de la colonia cuando la mayoría de todos los elementos organizados en sus sociedades reconocidas le dan esa autoridad de hablar y actuar por ellos a aquellos dirigentes del pueblo que se ha puesto al servicio del mismo, y que por largos años han compartido sus alegrías y sus sufrimientos, sus luchas y sus triunfos.

¿Cuál es la lección práctica que podemos sacar de todo esto? Simplemente que es tiempo que nuestra colonia se organice en una grande y fuerte sociedad, que comprenda como una federación de sociedades donde ninguna pierda su autonomía, su personalidad y donde todas puedan seguir desarrollando el programa y las ideas que sustentan. Es necesario que las sociedades puertorriqueñas comiencen a estudiar un plan mínimo de ayuda práctica y colectiva en que todas puedan estar en común acuerdo. El momento pide un gran Congreso de sociedades puertorriqueñas en el que se presenten lasos generales para una fuerte y grande Federación de Sociedades Puertorriqueñas Institucionales sociales, espiritistas, religiosas, sindicales, cívicas y fraternales. Se ha presentado la idea, ustedes tienen la palabra.

Sólo así podríamos ayudarnos mutuamente para resolver los múltiples problemas de la colonia. Sólo así podríamos parar el "relajito" ese de que a unos cuantos señores "bien" les dé por hablar en nombre de nuestra colonia cada vez que quieran aparecer como "big shot" ante algún senador de Washington.

Los revendones de aquí y los de mi islita[1]

Los otros días el doctor me dijo que me acostara. Y hubo que obedecerle. Mi buena compañera, bien aconsejada por mis amigos, me escondió la ropa y los zapatos. Y se plantó en la puerta del apartamiento como un verdadero soldado ruso, a no dejarme pasar. El caso es que estuve que estar tirado "patas arriba" por espacio de tres o cuatro días, oyendo el molestoso tic tac del reloj y mirando como se hacían horas los minutos, sin poder hacer nada para parar el tiempo que se me iba de las manos. ¡Y tanto que había que hacer! No me dejaban ni leer siquiera. Si hubiesen podido vedarme de pensar, lo hubiesen hecho con muchísimo gusto.

Así fue como, cosas que nunca había observado anteriormente, las pude notar en esos días de obligado retiro. Y todo lo anotaba cuidadosamente en la libreta de apuntes de mi memoria mientras me conformaba con mirar el cielo raso.

Nunca, por ejemplo, me había puesto a notar los gritos de los revendones en las calles de Nueva York. Ni me había puesto a hacer comparaciones con los pregoneros, quincalleros, dulceros, verduleros y maniceros que venden sus artículos en las calles de las ciudades de mi Puerto Rico. Mientras estuve recluido en cama la semana pasada, llegaron hasta mis oídos los aullidos de los múltiples revendones de las calles de Brooklyn y el familiar "gilín gilín" del ropavejero. ¡Qué cosa horrible! Gritos guturales monótonos e incomprensibles, aullados sin ton ni son, el "jau jau" de un perro sonaba más musical.

Mientras que allá en mi islita verde y azul, ¡Qué delicia oír el callejero pregón, al vendedor de longanizas de Bayamón, al manicero o al dulcero, pregonando sus apetitos en las tropicales modalidades de la lengua de Cervantes. Que delicia de niño estar acostado en una cama con sarampión y oír como cantaba nuestro pregón callejero.

"Como llevo el maravelí
caballero.
El pan de coooo . . . el pan
de cooco".

---

[1]Se volvió a publicar con pequeños cambios en el periódico *Ahora* (12 de junio de 1950).

O aquel otro que medio bailaba mientras iba pregonando:
"Cambio chinas por botellas
Ay, botellero . . . "
Simples pregones emanados de lo más profundo del alma de la
masa. Pregones que eran tomados luego por orfebres del pentagrama
como Carmelo Díaz y eran convertidos en las joyas más preciadas de
la música popular. Pregoneros sabios, que supieron escribir por los
años de los años páginas indelebles de sublimes reminiscencias, plas-
mando en nuestras emociones, el amor más que eterno por nuestro
suelo patrio . . . Vendedores de mampostiales, de mantecado de leche
y de pan de mallorca: bullangueros juglares en las noches de luna de
nuestro lar boricua, ¡qué mucho te debemos en la necesaria estruc-
turación del alma popular!

Y acostado obligatoriamente en mi cama, hambreando un catarro,
oyendo las rudas frases de los revendones, comencé a establecer estos
paralelos entre los revendones de aquí, y los revendones y pregones
callejeros de mi islita. Allá parece que lo primordial es el arte del
pregón, la inocente alegría de ser, hasta cierto punto, un personaje
conocido en la ciudad. La alegría de vivir divirtiendo agradablemente.
La alegría de vivir eternamente encantado de la vida. Aquí en Nueva
York, parece que lo que interesa a los revendones es la venta misma; el
deshacerse de la mercancía lo más ligero posible e irse tranquilamente
para su casa como cualquier otro individuo. Parece que el pregonero
aquí no siente la tremenda responsabilidad de su arte. Aullando a
rompe y raja[2] sus artículos, carece hasta de la necesaria imaginación
para visionar que detrás de esas ventanas, puede que haya enfermos
con diabólicos dolores de cabeza y un explosivo grito salvaje y selvático para anunciar la existencia de un tomate en una carreta, no es el
mejor de los medios para convencer a un futuro comprador.

Estas expresiones, al parecer tan simples, de los valores intelectuales y artísticos de un pueblo, no pueden fácilmente tirarse por la
borda como una vieja chaqueta desgastada por el uso. Estas cosas
comunes que veíamos todos los días y a las que no le dábamos casi

---

[2]Rompe y raja, a gritos.

ningún valor, se agigantan y crecen hasta su justa magnificencia cuando permanecemos largos años tan lejos de aquel sagrado pedacito de tierra.

Si algún día tuviese yo que asistir a una de esas audiencias públicas en las que unos senadores se agrupan a bostezar y a hacer preguntas, y si se me preguntase por qué quiero yo la independencia de Puerto Rico, yo contestaría simplemente: "porque nuestros revendones saben cantar sus mercancías callejeras mejor que los revendones en Estados Unidos".

Si quieres que la reunión sea un éxito

NO LLAMES LA REUNIÓN A UNA HORA Y COMIENCES DOS HORAS MÁS TARDE. No hay cosa que desmoralice más y que mine más el entusiasmo de los compañeros, que se llame a una reunión a una hora y se comience una y, a veces, dos horas más tarde.

Las asambleas deben de comenzarse, a más tardar, quince minutos después de la hora para la que fue anunciada. Nada de esperar por fulanito que porque se cree indispensable para llevar a cabo los trabajos de la reunión se da tono y llega estudiadamente tarde. Nada de esperar por sutanito que ya ha perdido todo concepto de responsabilidad y disciplina y se presenta con su cara muy fresca a la mitad de la reunión, insistiendo en que se le repita todo lo que ya fue discutido y aprobado antes de venir él. Inmediatamente que haya el "quorum" especificado por la constitución y reglamento, inmediatamente que haya un número considerable del comité o grupo operando, debe de comenzarse la reunión. Hoy que el tiempo es dinero; que todos tenemos tanto que hacer, que hay que levantarse temprano para cumplir con importantes trabajos de defensa y otras asignaciones concertadas con el esfuerzo para ganar la guerra, es un crimen organizativo el tener que comenzar una reunión, que debió de comenzarse a las ocho de la noche, a las nueve o a las diez de la noche. El resultado es que si se comienza a las diez, se termina a las doce o doce y media de la noche. En lo que el socio llega a su casa, ya son las doce y media o la una de la mañana. En lo que se prepara para dormir, es ya la una y media de la mañana. Cuando se levanta, para irse a trabajar ese cuerpo está cansado, estropeado y quizás decida quedarse en su casa con la consecuente pérdida en su semanal y con la mayor pérdida de ocho o diez horas de producción para el esfuerzo de ganar esta guerra; si es que la persona trabaja en una fábrica de defensa.

Esa persona que salió de aquella reunión a las doce de la noche, quizás venga a otra y quizás a una tercera; pero a la cuarta, ya no volverá a vérsele el pelo por los salones de la sociedad, nada más que cuando tenga que venir a pagar sus cuotas. Si es que no se da de baja o se deja caer completamente de la sociedad.

Y se quedarán siempre la media docena de devotos de la causa. Los "héroes", que porque están preparados ideológica y físicamente para salir de una reunión a la una de la noche y tener nueve reuniones semanales, ellos en su ceguedad organizativa, creen que todo el mundo ha llegado al nivel de comprensión de la necesidad que hay de estar organizados, y no pueden ver que todo el mundo no es igual, ni está dispuesto a hacer sacrificios de tiempo, especialmente cuando se puede ver que estos sacrificios de tiempo pueden ser muy bien evitados si se metodiza mejor la reunión—la hora de comenzar y terminar—para que nadie tenga que faltar al otro día a sus obligaciones.

El comenzar tarde trae consigo una serie de problemas en el hogar mismo. Si vuestra esposa no piensa como Ud. y está intuitivamente en contra de que Ud. pertenezca a tal o cual agrupación, el Ud. venir tarde al hogar le da a ella una excusa concreta para declararse abiertamente en contra de los principios de la misma. En vez de ser atraída hacia la organización será una enemiga de la misma, por una razón que se puede remediar: el comenzar las reuniones temprano y acabarlas temprano.

En comunicación citando para la asamblea se debe asegurar a los miembros de que se comenzará a una hora determinada y se terminará a una determinada. EL PRESIDENTE DEBE DE VER QUE SE CUMPLAN ESTAS PROMESAS HECHAS A LOS MIEMBROS.

Después de la reunión, no organicemos otra serie de pequeñas reuniones en grupitos de pros y contra tratando de reconsiderar las mociones ya aprobadas en un grupito que no tiene autoridad legal para hacer este trabajo. No demos oídos a grupitos que comienzan a decir cosas que no se tuvo la entereza de expresar durante la reunión debidamente constituida. Saquémosle el cuerpo a esas personas que se quedan calladas durante todo el curso de una reunión, sin expresar un pro ni un contra en cuanto a lo que se aprueba o desaprueba para luego comenzar su trabajo individual de comentarios fuera de la reunión.

Y sobre todo, no hagamos una larga sobremesa al irnos a tomar la taza de café después de la reunión en el restaurant. Recordemos que la reunión terminó cuando alguien pidió la previa y el presidente, en su carácter oficial, dio por terminada la misma.

Y aquí debo de terminar yo también esta columna.

El problema de la delincuencia juvenil y nuestra colonia

Felicitamos al Comité de Organizaciones Unidas en Harlem, por su labor, llamando a conferencias y planeando futuras asambleas de representantes de sociedades, iglesias y demás instituciones hispanas para tratar de encontrar una solución al problema de la delincuencia juvenil entre los niños hispanos.

Entendemos que este Comité ha llegado ya a valiosas conclusiones. La de más peso, a nuestro entender, es que el grado de delincuencia juvenil entre los niños hispanos es poco más o menos, el mismo de las demás nacionalidades afectadas por las mismas condiciones de vida. En otras palabras, que los niños hispanos no son ni peores ni mejores que los demás niños, y que no se le debe dar al "barrio" ninguna fama de sección peor de la ciudad, por uno o dos casos de delincuencia extrema que encontraríamos en cualquier vecindario, si nos ponemos a buscarlos con el celo que lo buscan en el "barrio" aquellos intereses que desean dar una mala reputación a la parte de la ciudad en donde viven los hispanos. Otra valiosísima conclusión que parece haber encontrado este Comité en sus deliberaciones es, que el problema de la delincuencia juvenil no es el sólo problema a solucionar entre los puertorriqueños y demás hispanos en Nueva York, es uno de los tantos problemas. Y a medida que se ha estado buscando la solución para el asunto de la delincuencia juvenil, han aparecido, el lógico desarrollo del trabajo del Comité, todos estos otros problemas de apremiante solución.

Muchas son las causas del crecido número de delincuencia juvenil en todos los grupos raciales hoy día. Ello sería tema para una serie de artículos. La necesidad de que tanto los padres como las madres, salgan a trabajar a distantes plantas de defensa y no puedan regresar hasta ya entrada la noche. La falta del reconocimiento de este problema en todas sus ramificaciones y extensión por el gobierno, y la obligación que tiene de proveer "nurseries" y sitios de recreo a los niños de estas obreras que están dedicando su tiempo a producir para los soldados en el frente, es una de las tantas causas por las cuales estas faltas de los niños están en aumento en toda la ciudad.

Y hay otras causas. La causa por ejemplo del niño hispano en general y del niño puertorriqueño en particular que crece en un ambiente extraño a sus costumbres y a su historia; sin padres que puedan explicarles quiénes son y de dónde vienen; sin familiares que puedan decirles de los grandes hombres que ha tenido Puerto Rico. Estos muchachos crecen indudablemente con un tremendo complejo de inferioridad. Este complejo tiende a exteriorizarse en hechos concretos de incorrecciones juveniles.

Puede verse, por tanto, que el asunto que han tomado como tarea las personas de buena voluntad, no es tan fácil como se ve superficialmente. Tenemos, sin embargo, completa y absoluta confianza que el Comité sabrá resolverlo, si todos los que pertenecemos a sociedades constituidas en logias masónicas, "oddfélicas" o de cualquiera otra índole: si todos lo que somos miembros de iglesias, no importa que denominación, hacemos que nuestra sociedad, logia o iglesia, envíe delegados y tenga una representación que pueda tomar parte oficial en las deliberaciones de este Comité de Organizaciones Unidas. No participando vuestra institución en este movimiento, se estará haciendo daño ella y no estará cumpliendo con su obligación como grupo constituido a la solución colectiva de los problemas que afectan a todos.

La dirección oficial de este comité es: comité de Organizaciones Unidas de Harlem. Al cuidado de la Sra. Marieta Viñas, representa el Centro Caridad de Estudios Psicológicos y es la tesorera del comité en cuestión.

Hoy, que la necesidad del mejor entendimiento y la unidad de acción entre todos los grupos de opinión y entre todas las tendencias ideológicas es de tanta importancia para salvar la democracia y ganar la guerra: hoy que los representantes de las naciones más poderosas de la tierra están llegando a un entendido por encima de sus diferencias de doctrina política hacia un plan inmediato de acción ahora y planes para sus actuaciones en la postguerra, no tendría nada de particular que esta conferencia, sobre la delincuencia juvenil, trazara el camino a la colonia puertorriqueña—a toda la colonia hispánica— para llegar a una unión federativa de sociedades, quizás a una unión integral de muchas de las mismas, para realizar programas más vastos y en mayor escala que redunden en beneficio, no sólo de los grupos hispánicos, sino de aquellos otros grupos en las demás razas que también están buscando la solución, entre sus grupos, a estos mismos problemas. Por la unidad entre los puertorriqueños; por la unidad entre todos los hispanos. Por la unidad entre todos los grupos raciales que buscan conservar y ampliar la democracia y otorgar al pueblo un mayor grado de libertad y de justicia social.

Al llegar un nuevo miembro

Los miembros nuevos son los que se deben de tratar con más cortesía y consideración. Ellos son el futuro de una sociedad cualquiera. Las sociedades se conocen por el número de miembros nuevos que pueden atraer a sus filas. La vida de una institución puede medirse por el número de miembros viejos que dejan de serlo y la cantidad de socios que entusiasmados por el programa o por los ideales que sustenta una institución se unen a la misma, para ayudar a poner este programa en acción y práctica.

Es por eso que es tan importante la manera de cómo ha de tratarse un nuevo socio cuando llega al local de una sociedad. Primero: unos "Buenos días" o unas "Buenas noches señora o señor" "¿Cómo está Ud.?, no cuesta dinero. Todos, desde el presidente hasta el último sacristán, deben de hacerse comprender a la persona que acaba de ingresar, que él, aunque nuevo, está en su casa.

Si se comienza una conversación sobre cualquier tema, pídasele siquiera la opinión al nuevo miembro sobre lo que se está conversando. No se le aísle en una esquina, más separado del conjunto, con su sombrero y sobretodo en la mano, sin saber siquiera donde queda el "Check Room" para guardar esas prendas.

Interésense en el nuevo miembro. Háganle preguntas amigables sobre su trabajo, sobre sus problemas y dejen que él también nos haga preguntas a nosotros. Todo sin aparecer curioso ni entrometido. Más bien en el espíritu de cooperación: como si nosotros estuviésemos interesados en resolver sus problemas.

Si hay una cantina con sodas y demás refrescos, no estaría demás que alguien de la directiva le invitara a tomar algo.

Si se está bailando y el nuevo miembro continúa todavía arrebujado[1] en una oscura esquina del salón, porque no conoce a ninguna dama con quien bailar, es el deber de una de las damas del Comité de Damas, ir hasta donde está el nuevo miembro en unión de una o varias damas más, e invitarle a bailar, en nombre del Comité de Damas. Ello sería un acto de cortesía y de confraternidad que tardará en ser olvidado por el nuevo miembro.

---

[1]Apartado por la timidez.

Llamémosle con el apelativo que se acostumbra a llamar a los demás miembros en la sociedad. Sí hermano, sí camarada, como se acostumbra a llamarse en la Legión Americana. Y al llamarlo con ese apelativo, llamémosle sinceramente, fraternalmente; que él sienta que no es una palabra mecánica, salida de nuestros labios para llenar los requisitos que específica una constitución y reglamento.

No le demos mucho trabajo al nuevo miembro. Existe la tendencia que si descubrimos ciertas habilidades en una nueva persona que viene a nuestro seno, de cargarlo de trabajo, de quitarle el derecho que tiene a su vida familiar y privada, de exigirle que esté todas las noches, siete noches en la semana, en el local. De no darle una oportunidad de sacar a su esposa o a su novia a paseo siquiera una vez cada dos semanas. El resultado es que, si aguatan y se quedan, se convierte este nuevo miembro en un burro de carga, en el compañero en el cual se "arrescuestan" todos los demás para no llevar a cabo sus tareas, porque siempre el "burrito de carga" los saca del paso. Otro peligro es que, no se le deja ni una noche libre para el estudio y la lectura. Para desarrollar sus capacidades creativas y de dirigente, para poder observar, reconocer, y ayudar la ligazón que debe de exigir entre su sociedad o movimiento y otras sociedades y movimientos similares.

Si el nuevo miembro que se carga de trabajo, es egoísta, puede llegarse a creer que él es de imprescindible necesidad para el grupo institución a la que pertenece, y el resultado es entonces: tragedia personal y colectiva. ¿Cuántos casos no conocemos como ése?

Pero el peligro mayor es que aquéllos que están mirando "de afuerita", que estaban pensando quizás en unirse también; pero que están observando cómo la sociedad le robó al amigo su vida privada y familiar, optan por quedarse afuera—para toda la vida. Y he aquí por qué se estancan a veces, en número, en influencia y en acción, instituciones de grandes y nobles movimientos.

¿Cuál debe ser nuestra posición ante el problema político de Puerto Rico? Palabras a manera de introducción

El problema de Puerto Rico es la eliminación de su estado colonial. Sólo un grupo de explotadores sin principios de humanidad alguno, extranjeros y nativos—la representación genuina del fascismo, Falange y el imperialismo financiero yanqui—ven hoy algún mérito en el presente sistema de coloniaje en Puerto Rico.

Si generalizamos, el problema de Puerto Rico es el problema colonial del mundo—uno de los problemas más candentes de la actualidad hoy día.

Al terminarse la Segunda Guerra Mundial, los países imperialistas, especialmente Gran Bretaña y Estados Unidos, asustados por la libertad y democracia implícitas en las promesas demagógicas hechas por sus representantes durante el curso de la segunda guerra, comenzaron a salvar lo que podían del aparato nazifascista que ellos decían haber jurado destruir por completo. Así, pues, se comenzó la reorganización de muchas divisiones de soldados alemanes, con oficiales alemanes en el sector de Alemania, gobernado por Inglaterra. Así también vemos la política del General Patton—hoy continuada en forma disfrazada—de dejar en puestos de responsabilidad a enemigos de la democracia y exmiembros del Partido Nazi en la parte de Alemania bajo el gobierno de Estados Unidos. Así la protección de Hirohito y su "nobles" compinches nipones que aún continúan perpetuando la más inicua explotación en el Japón desde los jardines de sus grandes palacios respaldados por las bayonetas de los soldados de Estados Unidos. Así el juicio internacional de la plana mayor del nazismo alemán—asesinos que debían de haber sido pegados a la pared hace ya mucho tiempo— mientras se deja en campos de concentración a muchos defensores progresistas de la Europa democrática y se balean los mejores defensores de la liberad y el progreso en Grecia e Indonesia. Así, los esfuerzos de Estados Unidos e Inglaterra por salvar a Franco y su Falange, respaldando una comisión de la ONU para que vaya a ver si es verdad que Franco es . . . lo que bien saben ellos que es. Así la guerra sin cuartel que todas las Cámaras de Comercio, los comentaristas a sueldo de los grandes intereses, y la prensa amarilla de todas las naciones imperialistas han abierto contra el comunismo en todo el mundo y especialmente contra la Unión Soviética—mal interpretando su gobierno, sus principios y todo lo que Rusia haga en el campo de la política internacional.

Si rehusamos de ver la coyuntura internacional del problema político de Puerto Rico caeremos en una estrecha concepción nacionalista. Un nacionalismo, rodeado por una muralla china, que se estanca y no puede ni quiere aprender de las experiencias de las luchas de liberación que están sosteniendo las demás colonias del mundo, ayudadas por las fuerzas progresistas dentro de los mismos países opresores. Es ponerse frente a los verdaderos amigos de nuestra lucha en Estados Unidos haciendo causa común, consciente o inconscientemente con los enemigos de los elementos progresistas— los que odian a judíos, extranjeros y personas de la raza de color. Es prestarse a la propaganda de los anticomunistas, y convertirse en su defensor de la opresión y explotación capitalista, el mismo capital imperialista que oprime a Puerto Rico y está en contra de su independencia.

Cuando negamos el derecho—y el deber—que tienen las personas conscientes del país imperialistas en asumir un rol de vanguardia en cuanto a la independencia de nuestra patria puertorriqueña, caemos en cierto exclusivismos de grupito con un sectarismo patriotero basado como consecuencia de su mismo aislamiento, en decadentes y hasta fascistas concepciones económico-sociales para nuestro pueblo. Cuando rehusamos unirnos al gran todo de la dinámica revolucionaria que tiene como fundamento los movimientos proletarios y como faro las experiencias revolucionarias y políticas de la Unión Soviética, se comienza a enclaustrar en torres de marfil llenas de humos y poses de un pseudo-intelectualismo que sólo se ocupa de decir disparates bellamente fraseados y de estampar a la masa—fuente de toda fuerza—como la plebe, como el montón anónimo.

Y es entonces, cuando se comienza a admirar la pintura de Dalí,[1]

---

[1]Salvador Dalí (1904–1989). Pintor español, escritor; miembro del movimiento surrealista europeo.

la prosa de Gertrude Stein,[2] y los últimos ensayos sobre la razón de la sinrazón.

Y es entonces cuando se comienza a pensar que la única fuerza que puede salvar a Puerto Rico es un hombre fuerte y superior que le diga al pueblo lo que tiene que hacer. Un cacique, en suma, un dictador.

Es para evitar estos errores que el movimiento pro independencia de Puerto Rico necesita basarse en una orientación mundial en cuanto al problema colonial—que es el nuestro—se refiriere. Una orientación mundial del problema no quiere decir una orientación ultra-izquierda internacional que se olvide de los problemas específicos puertorriqueños, de nuestra historia, de nuestra cultura, de nuestra lengua, en fin de cultivar un hondo y sentido concepto de nuestra nacionalidad boricua.

Y es aquí en donde las izquierdas con muy contadas excepciones estuvimos cometiendo un gran error hasta hace poco.

No es éste el sitio de analizar las causas y entrar en los "por qué" de ese error. Éramos muy internacionales e indiferentemente puertorriqueños. Sabíamos la letra y música de la Internacional y no sabíamos ni canturrear la Borinqueña.[3] Citábamos a Marx, pero no habíamos leído ni una media docena de páginas de la *Moral Social*.[4] No comprendíamos que para hacerle comprender el problema colonial mundial a los puertorriqueños, teníamos que concretizar dicho problema, ocupándonos MÁS QUE NINGÚN OTRO GRUPO SOCIAL de entender el problema colonial específico puertorriqueño, de conocer a fondo nuestra cultura y nuestra historia.

Hoy ya hemos cambiado el panorama que describimos en el párrafo anterior. Dado que haya un sector de la opinión pública puertorriqueña aquí o en Puerto Rico que más se ocupe de estudiar los asuntos de Puerto Rico que aquellos individuos o movimientos identificados con las izquierdas. Dado que haya un grupo que tenga más ansias de

---

[2] Gertrude Stein (1874–1946). Escritora norteamericana apasionada por el arte vanguardista. Intentó llevar las nuevas teorías y los procedimientos de la pintura a la narrativa rechazando el mundo lógico y acercándose al campo de lo irracional y el sonido puro.
[3] Himno nacional de Puerto Rico.
[4] Tratado socio-filosófico de Eugenio María de Hostos.

conocer nuestra historia y nuestra cultura. Este redescubrimiento de nuestra puertorriqueñidad, unido al enfoque y conocimiento global del problema de las colonias entre los dirigentes de las izquierdas puertorriqueñas pondrán al movimiento obrero y a toda la masa que se orienta por el movimiento obrero progresista, a la cabeza de las fuerzas unidas de todos los sectores que luchamos por la independencia política, económica y social de Puerto Rico.

Nota: El presente trabajo es el primero de una serie de artículos que serán escritos por Jesús Colón sobre la actualidad política puertorriqueña. El autor invita a que se le hagan preguntas y comentarios por escrito sobre estos artículos.

¿Cuál debe ser nuestra posición ante el problema político de Puerto Rico? La orientación del problema en Puerto Rico

I

Cuando escribimos sobre cuál ha de ser nuestra posición ante el problema de Puerto Rico, nos referimos a la posición de los puertorriqueños en los Estados Unidos, especialmente en Nueva York. Aunque la solución a la que llegarán las fuerzas progresistas en Puerto Rico y en Nueva York ha de ser la misma—independencia—la presentación y el enfoque final del problema debe de ser diferente, si es que hemos de considerar la importancia de la táctica en la lucha, y si es que deseamos desarrollar un gran sentimiento pro independencia en Nueva York, en la misma magnitud del que existe en Puerto Rico.

No debemos de pasar adelante sin apuntar francamente, para que todos sepan en dónde estamos parados, que hemos de hacer el análisis de este problema, usando lo poco que sabemos de la ciencia marxista-leninista que, a nuestra manera de ver, es la única entre todas las escuelas de ciencia política que está resolviendo los problemas del mundo de hoy.

Antes de llegar a una evaluación justa de cualquier asunto, es necesario estudiar las condiciones objetivas que lo rodean. Como bien dice Stalin, "Todo depende, pues, de las condiciones de lugar y tiempo."

¿Cuáles son, pues, las condiciones objetivas hoy en Puerto Rico? Puerto Rico es un país en donde, de acuerdo con las estadísticas de su propio gobierno, el noventa por ciento de las familias, (cinco en cada familia), gana un salario promedio de 350 dólares al año. Menos de un peso diario por cada familia. Puerto Rico es un país en donde hoy una tercera parte de la población rural tiene una entrada promedio de cincuenta dólares al año. Es un país, en donde reina el monocultivo, en donde se cosecha predominantemente sólo una planta: la caña. Un país que está comenzando a industrializarse ahora a través de lo que ha hecho el Partido Popular, abriendo plantas de cerámica, cemento, botellas, y otros productos de industria ligera.

El comercio exterior puertorriqueño que podría desarrollarse con otros países, además de los Estados Unidos, está siendo estrangulado por las leyes de sabotaje impuestas a Puerto Rico por el gobierno de Washington. La economía puertorriqueña está basada en las necesidades de los Estados Unidos y no las de Puerto Rico. Nuestra cultura, nuestras costumbres y nuestra lengua, están amenazadas de muerte por la "cultura" importada de Hollywood, que no refleja siquiera la verdadera cultura norteamericana, y por los esfuerzos de los gobernadores norteamericanos, respaldados por los presidentes de esta nación durante los últimos cuarenta y ocho años, en sus atentados inútiles por hacer de los boricuas ciudadanos 200% norteamericanos.

Como resultado de esta situación en nuestra isla, tenemos los Fanguitos, el desempleo permanente de la mitad de la masa trabajadora puertorriqueña, la depauperización y la miseria que poco a poco está extendiéndose como una lepra sobre la población de Puerto Rico. Todo esto después de cuarenta y ocho años de "progreso", "sanidad", y "civilización" yanqui en Puerto Rico.

Ni todos los planes de la "Junta de Planificación, Urbanización y Zonificación", ni todos los programas de seis años—aunque es lo único que hasta hoy se ha hecho y debemos de tener una orientación positiva hacia los mismos—podrán resolver el problema de Puerto Rico. No podrán resolverlo porque la finalidad de estos planes no es llevar a Puerto Rico hasta una sociedad basada en una economía socializada—única economía que podrá resolver el problema de relegarse a una posición de meros técnicos.

Es así por qué se trata de comprar y se han comprado ya con puestecitos municipales o insulares, muchos llamados dirigentes de masa. Es por eso que se considera viva la división sindical dentro de la C.G.T.,[1] que, aunque hay que reconocer que muchos de los líderes obreros tienen mucha culpa de ello—no debemos negar que si quisiera de veras la dirección máxima del Partido Popular, esa división sindical podría terminarse en veinticuatro horas.

Ante las condiciones objetivas en Puerto Rico, la única demanda posible por parte del pueblo en nuestra isla es la inmediata indepen-

---

[1]Confederación General del Trabajo.

dencia—una independencia con retribuciones por el daño que el imperialismo yanqui ha hecho en Puerto Rico durante su gobierno. Una independencia que se atreva a basar los planes sexenales del Partido Popular en las tremendas energías y entusiasmos del pueblo, dándole así un sentido de confianza a la masa, un concepto de alta democracia social basado no en los técnicos e intelectuales que—aunque necesarios—no son los que deben de sentar pauta ni decidir cauces. Sólo el pueblo a través de sus representantes verdaderos tiene el derecho a eso.

¿Cuáles son ahora las condiciones objetivas bajo las que viven los puertorriqueños en Nueva York, y qué tácticas deben de usarse para convencerles de la necesidad inmediata que tiene Puerto Rico de su independencia? Ese será el tema para el próximo artículo.

¿Cuál debe ser nuestra posición ante el problema político de Puerto Rico? ¿Cómo defender la independencia de Puerto Rico en Nueva York?

(Continuación)

Al hablar de las fuerzas verdaderamente progresistas en los Estados Unidos, con las que puede contar un amplio y bien orientado movimiento pro independencia de Puerto Rico, nos referimos a aquellos partidos políticos y organizaciones cívicas que han demostrado año tras año, tanto en teoría como en práctica, que han sido las fuerzas más potentes en la organización, entrenamiento político y la ayuda tanto moral como material para hacer más pronta y efectiva la independencia económica y social de Puerto Rico.

Esos partidos y organizaciones han sido las siguientes: el Partido Comunista de los Estados Unidos, el American Labor Party con su líder Vito Marcantonio, muchas uniones obreras de la "American Federation of Labor", el "Congress for Indusrial Organization" (C.I.O.), el "Council for Pan-American Democracy", el "American Youth for Democracy", y organizaciones fraternales como la "International Workers Order" (I.W.O.) Esta última institución, aunque fraternal y no política, ha sabido respetar la personalidad del pueblo puertorriqueño, y a través de la amplia autonomía de que gozan sus sociedades federadas, ha permitido que aquéllos que sienten el ideal de la independencia de su patria puertorriqueña, den libre expresión a sus ideas y sentimientos en las múltiples logias tanto de habla española como de otras lenguas. Es por eso que la I.W.O. es indudablemente la sociedad fraternal con el mayor número de puertorriqueños organizados en los Estados Unidos.

Puertorriqueños que dicen estar por la independencia de Puerto Rico, que no reconozcan francamente que los partidos y organizaciones mencionadas son sus únicos amigos en la lucha, o están viviendo en un mundo de ilusiones revolucionarias, estilo Revolución Francesa o pertenecen a los que tácitamente y por razones varias, no quieren reconocer esa verdad. No quieren reconocer a las organizaciones ya mencionadas porque saben que si la futura república se orienta según corrientes ideológicas progresistas, no habrá oportunidad alguna para la realización de sus sueños demagógicos de caciquismo hitleriano. Estos caballeros terminan por documentarse bien con todas las trilladas calumnias contra comunistas y progresistas, para poder sostener su posición insostenible ante los ojos de sus propias conciencias.

Para los revolucionarios ilusionados aún con la revolución estilo 1789, que no quieren comprender que hubo otra revolución de mucho más honda trascendencia para la humanidad en el 1917, tenemos sólo una sonrisa de lástima.

Para los que sabiendo donde están las verdaderas fuerzas pro independencia entre los norteamericanos, tratan premeditadamente de evadirlas, negarlas, tergiversar su mensaje o conducir a la colonia por el derrotero del odio contra las uniones, contra otras razas, y contra los partidos obreros ya mencionados y lo que ellos representan para la independencia de nuestra patria, un grito de "¡En guardia!", un "¡No pasarán!", como diría la Pasionaria. Porque si los dejamos pasar y sentarse en la Constituyente de nuestra nación, tendremos otra republiquita de esas que han abundado en la América Española y que, a pesar de su independencia política y de su propia bandera, han continuado siendo semi-colonias de los Estados Unidos.

Sólo aprendiendo la estrategia y táctica de lucha de las fuerzas verdaderamente progresistas antes mencionadas de los Estados Unidos, que son las mismas de los Prestes en el Brasil, de los Toledanos en México, de los Marinello y Blas Roca en Cuba, es que podremos estructurar en Puerto Rico, una república que además de ser políticamente libre, sea económica y socialmente democrática. Democrática de veras.

Confesamos que nuestra confianza se entibia para con ciertos declarados independentistas que repiten el "red-baiting" de las columnas del "Daily News", el "Daily Mirror" y el "Journal American". Confesamos que ponemos en duda el independentismo de individuos, antiguos miembros de la colonia que continúan engordando la bestia del imperialismo, pagando sus seguros a compañías que, mediante los bancos que dominan, dominan también la vida agrícola e industrial de nuestra isla. Estos mismos individuos han visitado las logias de la

I.W.O.; se les ha explicado más de una vez lo beneficioso que sería para su bolsillo y para Puerto Rico, el asegurarse en alguna de las logias hispánicas de la Orden Internacional de Trabajadores.

Confesamos que nos alarma sobremanera cuando después de múltiples llamadas por la radio de distribución de hojas sueltas y envío de cartas, no vemos representación genuina de estos amantes de la independencia marchando, bandera puertorriqueña en alto, en una parada del Primero de Mayo. ¿Cuál será, nos preguntamos, el futuro de las clases trabajadoras boricuas, si vamos a una república, orientada por individuos que ahora no marchan en una parada del Primero de Mayo? Trabajemos por aunar todas las fuerzas positivas pro independencia nacional puertorriqueña.

(Continuará)

¿Cuál debe ser nuestra posición ante el problema político de Puerto Rico? ¿Cómo defender la independencia de Puerto Rico en Nueva York?

(Continuación)

Resumamos un programa para defender la Independencia de Puerto Rico desde Nueva York, en los siguientes puntos:

1) La defensa de la independencia de Puerto Rico en Nueva York debe enseñar que nuestro problema es el problema de la liberación colonial mundial. Para enseñarle esta verdad al boricua precísase de comenzar por entender el problema de Puerto Rico. Es preciso explicar como el imperialismo yanqui explota a Puerto Rico y nos exila obligatoriamente en Nueva York, y es preciso relacionar nuestro problema con los fenómenos de imperialismo mundial. El borinqueño debe ver la relación que hay entre la explotación y la falta de libertad en nuestra isla y la explotación y falta de libertad en Java, en las semi-colonias de Grecia, China y otros países.

2) La mayoría de los puertorriqueños en Puerto Rico, después de cuarenta y ocho años de imperialismo americano, se han convencido de que el único medio de adquirir libertad social, económica y política es por medio de la independencia. Los trescientos mil puertorriqueños de Nueva York que han llegado a conseguir ciertos medios de vida un poco más altos que los que privan en la isla, que han procreado familia aquí y están sometidos al proceso continuo de la americanización, no sienten tan de cerca la necesidad de la independencia y la miran con la duda con que ven todos los cambios drásticos. Es por esto que debemos de explicarles el problema de la independencia ligado a los múltiples problemas que emanan del medio ambiente en que se vive en el Norte. Presentando la independencia como se presenta en Puerto Rico, cosecharemos muchos aplausos, productos de la emoción patriótica pasajera. Pero nada más.

3) Debemos de combatir la americanización aludiendo a la discriminación racial. Combatamos el odio contra el negro, el judío y cualquier otra raza o minoría nacional, que son los aliados naturales en Estados Unidos para la lucha por nuestra independencia.

4) Estudiemos a fondo la historia, la economía puertorriqueña, y en general todos los aspectos de la vida puertorriqueña en la isla y en Nueva York. Así no tendremos que recurrir a la frase insultante cuando nos encontramos con puertorriqueños que no crean en la independencia. Usaremos así conceptos y palabras que han de convencer y no alejar de la independencia a miles de boricuas.

5) No sólo debemos demandar ayuda de los partidos y organizaciones verdaderamente progresistas en este país, sino que también deberíamos unirnos a ellas y ser parte integrante y activa de estos partidos y organizaciones. Debemos tener mucho cuidado en seleccionar nuestros aliados. Estos deben ser los que tanto en teoría como en la práctica, se han mostrado durante años, sin prejuicios contra ninguna ideología, no importa lo avanzado que ésta sea, y verdaderos defensores de la independencia de Puerto Rico.

6) Es necesario llamar a un Congreso de Organizaciones de donde debe salir la organización de un cuerpo permanente que sólo se ocupe de orientar a los puertorriqueños aquí y los norteamericanos sobre la necesidad de que Puerto Rico sea independiente.

7) El cuerpo, comité o como quiera llamársele que salga de dicho Congreso, debe abrir inmediatamente una campaña para hacer miembros y para recaudar fondos que ayuden a pagar una amplia campaña de educación usando todos los medios de publicidad en cuanto a la independencia de Puerto Rico. Un por ciento semanal de los dineros colectados por todos los medios debe de enviarse a Puerto Rico, para ayudar a aquéllos que no pueden buscarse medios de vida en nuestra isla y que sin embargo están dedicando todo su tiempo a la lucha por la independencia y los oprimidos de Puerto Rico.

8) Este cuerpo, o Comité Pro-Puerto Rico no debe de perder ninguna oportunidad para hacer que las organizaciones pro-independencia de Puerto Rico en Estados Unidos, tanto boricuas como americanas, envíen delegados a Washington siempre que se celebren audiencias públicas sobre el caso de Puerto Rico en ésa u otra ciudad.

9) Debe de cooperar además este Comité con todas las instituciones que combaten el imperialismo yanqui en Estados Unidos. Hacer causa común con nuestros aliados naturales, las minorías nacionales en Estados Unidos, enviando delegados a las convenciones y conferencias de estas minorías en donde debe de presentarse el caso de Puerto Rico.

10) Todos los puertorriqueños en Estados Unidos debemos de inscribirnos y votar. A aquellos nacionalistas que tienden a pensar con el corazón y no con el cerebro que siguen usando la lógica mecánica que se niegan a usar la demanda, esta proposición les sonará contradictoria. Una de las grandes debilidades políticas de la colonia puertorriqueña en Nueva York es que no se inscriba, ni vote en las elecciones. Contribuimos con eso a que no haya más Vito Marcantonios en el congreso de Nueva York, y en los Consejos Municipales, hombres que cada vez que se paren llevan a la opinión pública nacional estadounidense, el problema de la independencia de Puerto Rico. Así es que los puertorriqueños en Nueva York debiéramos defender la independencia de Puerto Rico.

¿Cuál debe ser nuestra posición ante el problema político de Puerto Rico? Objeciones a la independencia

La primera objeción que oímos al hablar de la independencia para Puerto Rico es que "nos comeremos los unos a los otros"; que habrá una revolución todos los días. Podemos contestar esta objeción aludiendo a nuestra historia. Durante los últimos cuarenta y siete años que hemos vivido bajo la bandera americana no se ha registrado ningún intento de revolución armada para quitar por la fuerza a ningún gobernador. Han llegado partidos al poder con un programa definitivo por la independencia. Los "copos" del viejo Partido Unionista y los triunfos del nuevo Partido Popular, están basados en el alto sentido independentista de los puertorriqueños de la Isla. La Legislatura ha aprobado resoluciones conjuntas en donde se ha puesto de relieve el sentir independentista de nuestro pueblo. Se ha tratado pues, de obtener la independencia a través de vías democráticas que han dado a los puertorriqueños en la isla cierto entrenamiento y preparación para ejercer sus derechos ciudadanos cuando venga la república sin necesidad de tener que recurrir a una revolución semanal.

Además, para que pueda haber una revolución armada, tiene que haber un ejército. Un Puerto Rico libre, no tendrá un ejército ni una casta militar. A lo menos, ése es el sentir de muchos de los líderes independentistas de hoy.

Esta propaganda de que habrá revolución inmediatamente después que se implante la república empujando al elemento extremista a que lleve a cabo alguna que otra demostración de un anarquismo pasado de moda. Así ellos esperan convencer a las autoridades de Washington que lo que Puerto Rico necesita es un gobierno militar con un general de los "marines" al frente en vez de la plena independencia.

Si pueden conseguir un general de las guardias marinas norteamericanas que sea puertorriqueño, mucho mejor. Así se le dará visos de progresismo a lo que vendría a ser un disfrazado gobierno militar yanqui.

Otras de las objeciones que oímos por esas calles es que con la independencia sacarían a todos los puertorriqueños que viven en Estados Unidos y los enviarían a Puerto Rico.

Esta propaganda está siendo diseminada por los mismos representantes del imperialismo entre los elementos más ignorantes de nuestra
colonia en Nueva York. Esto sería como decir que porque Cuba o Francia son repúblicas políticamente independientes, a todos los ciudadanos cubanos o franceses los van a echar de este país. Este rumor
pertenece a la categoría de mentiras. Los puertorriqueños que viven en
Nueva York y que no firmen declaraciones como ciudadanos americanos, serán considerados como ciudadanos de la república de Puerto
Rico, de la misma manera que los ciudadanos cubanos que residen en
Nueva York, son considerados ciudadanos de aquella república.

Otra de las objeciones que se oyen a menudo es que Puerto Rico
es demasiado pequeño para ser una república independiente. Puerto
Rico ocupa en tamaño el décimocuarto lugar entre las repúblicas de
Hispano América. Si las otras naciones geográficamente más pequeñas
que Puerto Rico son independientes, no vemos por qué ha de negárse-
le el derecho a Puerto Rico de ser también independiente. Seis de las
diez naciones latinoamericanas que firmaron la Declaración de las
Naciones Unidas son más pequeñas que Puerto Rico. En el continente
europeo tenemos a Luxemburgo que con una cuarta parte del territorio
que tiene Puerto Rico y con una sexta parte del territorio que tiene
Puerto Rico y con una sexta parte de su población, es una de las
naciones que con Inglaterra y Estados Unidos, firmó también la
histórica Declaración de las Naciones Unidas.

Las naciones no son grandes solamente por su tamaño o por el
número de sus habitantes. Todos sabemos de naciones en la historia
del mundo que, aunque relativamente pequeñas en su extensión territorial, han tenido una enorme influencia en el desarrollo de la civilización y del progreso del mundo. Puerto Rico crece en importancia
por su posición geográfica en medio de dos grandes continentes y dos
grandes culturas. Lo que Estados Unidos haga con Puerto Rico, no
sólo afecta a los dos millones de boricuas en nuestra isla, sino que
afectará también a los veinte millones de hermanos latinoamericanos
que habitan las otras repúblicas de Hispanoamérica. Es por eso que
será beneficioso para Estados Unidos en el desarrollo de su comercio
y de su política de "Buen Vecino", que se haga de Puerto Rico una
república soberana e independiente.

¿Cuál debe ser nuestra posición ante el problema político de Puerto Rico? Objeciones a la independencia

Una objeción a la independencia de Puerto Rico que oímos con frecuencia es que todos aquéllos que han sido pensionados por el gobierno de Estados Unidos, perderán sus pensiones. Se dice lo mismo de las pensiones a los veteranos de la primera guerra y segunda guerra mundial. Este rumor, como tantos otros, simplemente no es verdad. El que haya tomado el trabajo de leer los proyectos de ley presentados ante el Congreso para definir el "Statu" político de Puerto Rico, se habrá dado cuenta que tanto el Proyecto Tydings No. 227, presentado el 10 de enero de 1945, en la primera sesión de 79o. Congreso como el Proyecto Marcantonio No. HR. 2781, presentado el 79o. Congreso el 26 de marzo de 1945, se ocupan muy bien de que todos los derechos adquiridos por puertorriqueños pensionados, tanto por servicios federales como ciudadanos y marinos, estén bien defendidos y asegurados cuando a Puerto Rico se le dé su independencia.

Pero el argumento contra la independencia que da ganas de reír, es aquél que presenta muchos que han estado ausentes de Puerto Rico por algún tiempo: la objeción de que Puerto Rico se morirá de hambre si se le otorga la independencia a la isla.

Lo primero que se nos ocurre como contestación a este argumento: ¿de qué se está muriendo Puerto Rico ahora mismo? ¿Por qué están llegando los puertorriqueños a Nueva York, a razón de 250 puertorriqueños diarios? ¿Por qué miles de nuestros compatriotas que no pueden venir porque no tienen el pasaje, escriben a sus familiares en esta urbe para que los saquen de su patria natal, la que se ven obligados a abandonar por falta de medios de vida?

Esta objeción de que Puerto Rico se morirá de hambre si le dan la independencia, denota una clara ignorancia de cual es la actual situación en Puerto Rico en la actualidad.

¿Cuál es la verdad? ¿Qué nos dice la estadística? Puerto Rico tiene 3,435 millas cuadradas en donde de acuerdo con el censo del 1940 viven 1,869,235 personas. De estas 3,435 millas, un millón de acres de terreno son cultivables solamente. En 1939 la industria desarrollada en Puerto Rico, después de cuarenta y ocho años de dominación americana, pudo dar empleo a 102,286 personas solamente. Después de cuarenta y ocho años de dominación americana tenemos que, alrededor de la mitad de los habitantes de la isla que pueden trabajar están permanentemente desempleados. No queremos citar los que se mueren al año por diferentes enfermedades resultantes de la miseria en que vive hoy tres cuartas partes de los habitantes de Puerto Rico, para no herir la susceptibilidades de aquéllos a quienes no les gusta ver la verdad cara a cara. Las estadísticas en este sentido nos presentan un pavoroso panorama de lo que el capital absentista yanqui, de lo que el "statu" colonial que limita las potencialidades del pueblo puertorriqueño en el proceso de su crecimiento y desarrollo, ha hecho con nuestro Puerto Rico.

Puertorriqueños: Puerto Rico, bajo la "bandera protectora de las franjas y las estrellas" se está muriendo de hambre. AHORA. Y con esto no queremos decir que los Balseiros y los Serralles no tengan que comer, que los tarugos de los ricachos de Puerto Rico que, como buenos perros de presa defienden los capitales de los ricos, los administradores y capataces y lameojos intelectuales que escriben la crónica azucarada encomiando los manjares del último "acto social" en el Condado, no coman. No queremos decir que la empleomanía insular y federal no coma. Nos referimos al ochenta por ciento de los boricuas en Puerto Rico, que no tienen la "fortuna" de pertenecer a una de las categorías ya mencionadas, boricuas permanentemente desempleados, que si almuerzan por la mañana, no comen por la tarde. Y hay muchos en los campos que se pasan todo el día con el traguito de café negro "a tronco solo". Si esto no es estar paulatinamente muriéndose de hambre compañeros Uds. dirán lo que es.

De manera pues, que no hay, señores amantes de la estadidad, que esperar a que Puerto Rico sea independiente para que se esté muriendo de hambre. Y no tenemos nosotros los progresistas que estar tratando de estar "tapando el cielo con la mano" para ocultar la verdad de la situación en Puerto Rico. Lo que tenemos que hacer es combatir la farsa de que el imperialismo yanqui ha llevado abundancia y bienestar a nuestra patria, cuando lo que sólo ha hecho es aumentar el número de casos de malaria, artritis, disentería y otras múltiples enfermedades que no queremos mencionar. Cada cosecha de azúcar producida en Puerto Rico trae para Estados Unidos, la energía, la sangre, los pulmones de miles de puertorriqueños que se quedan agonizando de calor, de uncinariasis, de hambre, en el cañaveral. Cuarenta y ocho años de "civilización yanqui" no han podido resolver este problema. Sólo la independencia podrá resolverlo. En el próximo artículo le diremos por qué.

La balada de uno de tantos

¡Imaginación, que tanta prisa:
Vi al joven soldado en un charco de sangre
tendido—en Vietnam!

Sí, yo era uno de tantos
que comen, trabajan y duermen;
y no piensan en "na".
Por la avenida
marchaba un mar de gente.
"Get out of Vietnam!"

Y yo, parado en la acera.

A los gritos de miles
Se unió el grito de almas adentro
que me seguía diciendo:
¡Vietnam!
¡Vietnam!
Un grito que ordenaba, me empujaba y repetía:
¡Vietnam!   ¡Vietnam!
¡Vietnam!   ¡Vietnam!

De pronto,
una claridad llegó hasta mi monta
Me uní a la marcha,
y mi grito se unió a los miles
en un grito mundial.
Un grito que en todos los países del mundo clama;
"¡Get out of Vietnam!" "¡Get out of Vietnam!"

Sí,
yo era uno de tantos,
¡Pero no más!

25 de abril del 1967.

Black is beautiful!

¡Qué bonitas son las negras!
el cerebro me lavaron
pero bien sin darme cuenta
que sólo bonitas eran
las rubias y las trigueñas.
Hoy de pronto he descubierto
qué bonitas son las negras
las negras, negras
con sus ojos de color ébano
con sus carcajadas frescas
saliendo entre sus marfiles
de sus bocas rojas y negras

He pasado años de años
pasando casi sin verlas.
Me lavaron el cerebro
con las estatuas de Grecia.
¡Qué bonitas son bonitas!
¡Qué bonitas son las negras!
Las negras, negras, negras
Bien negras.
Las de andar en remolino
las de los senos abiertos
las de los peinados afros
negras, negras, negras, negras.

No las que se empolvan tanto
que ya no quisieran ser negras
qué bonitas son las negras
negras, negras, negras, negras.
¡Yo digo las negras negras
negras, negras, negras, negras!
Aquéllas que han descubierto

la belleza de ser negras.
Que bonitas son bonitas
y que tarde y que tarde
estoy entrando en setenta.

Fechas de los artículos publicados

Primer Período

Gráfico **(1927–1929)**

Miquis Tiquis	**Fecha**
Un jíbaro en Nueva York	21 de agosto de 1927.
Los boliteros	28 de agosto de 1927.
"Unidad, cooperación, fraternidad . . . "	4 de septiembre 1927.
¡A la bullalanga latina le gusta el brillo!	25 de septiembre de 1927.
La brosa portorriqueña	9 de octubre de 1927.
Los bordantes	20 de octubre de 1927.
Nuestras señoritas latinas	6 de noviembre de 1927.
"Spanish people lived here before"	8 de enero de 1928.
Todo Nueva York está bailando en nuestra casa	29 de enero de 1928.
Los miedos al qué dirán	4 de abril de 1928.
Mis vecinos, de la vida en verso	15 de julio de 1928.
Nuestra gente, de la vida en verso	22 de julio de 1928.
¿Por qué los latinos viven en top floor?	n/a
"Cómo pasar un good time"	n/a
"Pull"	13 de noviembre de 27.
Pánico	n/a

Pericles Espada	
Cartas inmorales a mi novia I	29 de agosto de 1928.
Cartas inmorales a mi novia II	19 de agosto de 1928.
Cartas inmorales a mi novia III	9 de septiembre de 1928.
Cartas inmorales a mi novia IV	7 de octubre de 1928.
Cartas inmorales a mi novia V	28 de octubre de 1928.

Jesús Colón	
Cuento para niños de uno a ochenta años	4 de diciembre de 1927.
¿Quiénes son los Judíos?	29 de junio de 1928.

Quiénes son los judíos	11 de agosto de 1928.
De la universidad de la vida	4 de noviembre de 1928.
La Flapper	25 de septiembre de 1927.
Las familias antiguas	1929

Vida Alegre (1931)

Nuestros tipitos	28 de junio de 1931
¿De qué se enamoran nuestras señoritas?	5 de julio de 1931.
Los gorritos de medias	12 de julio de 1931.

El curioso (1934–1935)

Nuestra apatía	8 de septiembre de 1934.
Resoluciones para el año nuevo	19 de enero de 1935.
Invitación, de la vida en verso	9 de febrero de 1935.
Mis cívica empolvada	16 de febrero de 1935.
"You don't understand!"	23 de marzo de 1935.
¡Aleluya!	7 de junio de 1934.
Poesía a Santa Claus	22 de diciembre de 1934.

Segundo Período

Pueblos Hispanos (1943–1944)

El racionamiento de los alimentos	27 de febrero de 1943.
Un Comité Legislativo para vuestra sociedad	6 de marzo de 1943.
¿Por qué lloras mujer?	13 de marzo de 1943.
Contestación a un adolescente que quiere saber	20 de mazo de 1943.
Éste es tu periódico	27 de marzo de 1943.
Escribe esa carta	3 de abril de 1943.
Muchos de los que estamos aquí lo veremos	10 de abril de 1943.
Los otros Estados Unidos	17 de abril de 1943.
Sociedades y sociedades	24 de abril de 1943.
Los judíos y nosotros	1 de mayo de 1943.

El argumento más pobre	8 de mayo de 1943
"Somos muy pequeños para ser libres"	15 de mayo de 1943.
Ya tenemos un coro de voces puertorriqueñas	22 de mayo 1943.
Un nuevo certamen	29 de mayo de 1943.
Yo vi una gran película	5 de junio de 1943.
Una palabra a los que están bien	12 de junio de 1943.
John L. Lewis no es el héroe que quieren pintarnos	19 de junio de 1943.
¡Cuidado, Harlem!	24 de juno de 1943.
Pudiésemos tener una sociedad	3 de junio de 1943.
Mi barbero y mi amigo	10 de junio de 1943.
Puerto Rico es también una nación	17 de julio de 1943.
Hacia una gran institución puertorriqueña	24 de julio de 1943.
El mundo avanza	31 de julio de 1943.
Acto de presencia de estudio y de acción	7 de agosto de 1943.
Hace falta una estatua	14 de agosto de 1943.
Las películas de guerra y las películas cómicas	21 de agosto de 1943.
Está por nacer una sociedad fraternal puertorriqueña	28 de agosto de 1943.
Inscríbete, regístrate y vota	4 de septiembre de 1943.
Nunca es tarde para ir a la escuela	11 de septiembre de 1943.
Invitaciones	18 de septiebre de 1943.
Te lo recordamos otra vez	25 de septiembre de 1943.
"Mientras haya excusas todo está arreglado"	2 de octubre de 1943.
La palabra y la acción	9 de octubre de 1943.
Roosevelt I	16 de octubre de 1943.
Roosevelt II	23 de octubre de 1943.
Roosevelt III	30 de octubre de 1943.
Sueños de ayer, realidades de hoy	13 de noviembre de 1943.
Hispanos ¡Alerta!	20 de noviembre de 1943.
La colonia invita	27 de noviembre de 1943.
Los revendones de aquí	

y los de mi islita	1 de enero de 1944.
Si quieres que la reunión	
sea un éxito	15 de enero de 1944.
El problema de la delincuencia	
juvenil y nuestra colonia	28 de enero de 1944.
Al llegar un nuevo miembro	12 de febrero 1944

Liberación (1946)

¿Cuál debe ser nuestra posición ante el problema político de Puerto Rico? Palabras a manera de introducción	24 de mayo de 1946.
¿Cuál debe ser nuestra posición ante el problema político de Puerto Rico? La orientación del problema en Puerto Rico.	5 de junio de 1946.
¿Cuál debe ser nuestra posición ante el problema político de Puerto Rico? ¿Cómo defender la independencia de Puerto Rico en Nueva York?	10 de julio de 1946.
¿Cuál debe ser nuestra posición ante el problema político de Puerto Rico? ¿Cómo defender la independencia de Puerto Rico en Nueva York?	17 de julio de 1946.
¿Cuál debe ser nuestra posición ante el problema político de Puerto Rico? Objeciones a la independencia:	24 de julio de 1943.
¿Cuál debe ser nuestra posición ante el problema de Puerto Rico? Objeciones a la independencia.	31 de julio de 1946.
La balada de uno de tantos	25 de Abril del 1967.
Black is beautiful	1968.